PROTEINSKI VAFLI PEČENJE BEZ PEČENJA

100 slatkih poslastica bez zagrijavanja pećnice

Manuela Matić

Materijal autorskih prava ©2024

Sva prava pridržana

Nijedan dio ove knjige ne smije se koristiti ili prenositi u bilo kojem obliku ili na bilo koji način bez odgovarajućeg pisanog pristanka izdavača i vlasnika autorskih prava, osim kratkih citata korištenih u recenziji. Ovu knjigu ne treba smatrati zamjenom za medicinske, pravne ili druge stručne savjete.

SADRŽAJ

SADRŽAJ 3
UVOD 6
KOLAČI I POGLECI 7
   1. Kolač s jabukama i cimetom 8
   2. Cinnamon Swirl Banana Bread 10
   3. Školska torta 12
   4. Kolač preliven limunom – Starbucks stil 14
   5. Bijela čokoladna torta s borovnicama 16
   6. Torta od čokoladnog kolača 18
   7. Lotus Biscoff kolač od štruce 20
   8. Ultimativni čokoladni poke kolač 22
   9. Super vlažna torta od mrkve 24
RECEPTI ZA TIJESTO ZA KOLAČIĆE 26
   10. Tava za tijesto za kolače 27
   11. Ultimate Oreo Brookie 29
   12. Pločice od tijesta za kekse Red Velvet 31
   13. Tijesto za čokoladne kolačiće bez pečenja 33
   14. Pločice od tijesta za kolačiće s komadićima čokolade 35
KOLAČI OD SIRA, TARTOVI I PITE 37
   15. Crumble kolač od sira bez pečenja 38
   16. Pita od borovnica bez pečenja 40
   17. Pita od breskvi bez pečenja 42
   18. Pita od bundeve bez pečenja 44
   19. pie bez pečenja 46
   20. Kremasta pita od jogurta bez pečenja 48
   21. Sladoledna pita bez pečenja 50
   22. Kolač od sira od šifona i ananasa bez pečenja 52
   23. Kolač od sira od jaja bez pečenja 54
   24. Philly ljetni kolač od sira bez pečenja 56
   25. Šifon kolač od marelice bez pečenja 58
   26. Torta od svježeg voća bez pečenja 60
   27. Tartleti s jagodama bez pečenja 62
   28. Kolač od limuna bez pečenja 64
   29. Torta od čokolade i kikiriki maslaca bez pečenja 66
   30. Tortice s malinama i bademima koje se ne peku 68
   31. Oreo kolač od mente bez pečenja 70
   32. Tartlete s mangom i kokosom bez pečenja 72
   33. Karamel kolač od oraha bez pečenja 74
   34. Čokoladni kolač od banane bez pečenja 76
   35. Kinder punjena pita od kolačića 78
KOLAČIĆI 80

36. Nutella kolačići s četiri sastojka 81
37. Mekani i za žvakanje Rainbow kolačići 83
38. Mekani i čvrsti kolačići s komadićima čokolade 85
39. Butterscotch kolačići koji se ne peku 87
40. Kolačići s narančom bez pečenja 89
41. Kolačići s maslacem od kikirikija koji se ne peku 91
42. Čokoladni zobeni kolačići bez pečenja 93
43. Želatinski kolačići od zobenih pahuljica bez pečenja 95
44. Penuche kolačići bez pečenja 97
45. Bourbon zobeni kolačići bez pečenja 99
46. Matcha kolačići od bijele čokolade bez pečenja 101
47. Kolačići s limetom i kokosom koji se ne peku 103
48. Kolačići od pistacija i brusnice bez pečenja 105
49. Chai začinjeni kolačići bez pečenja 107

GROZDOVI I STOGOVI 109
50. No-Bake Fudge Clusters 110
51. Čokoladni grozdovi maslaca od kikirikija bez pečenja 112
52. Grozdovi veselja od badema bez pečenja 114
53. No-Bake Trail Mix klasteri 116
54. Grozdovi malina od bijele čokolade bez pečenja 118
55. Karamel pereci koji se ne peku 120
56. Grozdovi pistacija od brusnice bez pečenja 122
57. Grozdovi trešanja od tamne čokolade bez pečenja 124

HRSKAV, MRVLJEN I POSTOLAR 126
58. No-Bake Peach Crisp 127
59. Hrskavi jabuke bez pečenja 129
60. No-Bake Mixed Berry Cobbler 131
61. No-Bake Cherry Crisp 133
62. Krompir od manga i kokosa bez pečenja 135
63. Hrskavi s borovnicama i bademima bez pečenja 137
64. Dragon Fruit Crumble bez pečenja 139
65. No-Bake Lychee Crisp 141
66. No-Bake Papaya Cobbler 143
67. Kiwi Crumble bez pečenja 145
68. No-Bake Passion Fruit Cobbler 147

KOLAČI 149
69. Rum torta bez pečenja 150
70. Kolač od sedam slojeva bez pečenja 152
71. Čokoladna kremasta torta bez pečenja 154
72. Voćni kolač bez pečenja 156
73. Matzoh slojeviti kolač bez pečenja 159
74. Kolač od trešanja bez pečenja 161
75. Kolač od manga i kokosa bez pečenja 163

76. Čokoladni kolač od kikiriki putera bez pečenja 165
77. Kolač od limunade od jagoda bez pečenja 167

BROWNIES, BAROVI I KVADRATIĆI 169
78. Super Fudgy trostruki čokoladni kolačići 170
79. Jammie Dodger Blondies 172
80. kvadratići koji se ne peku 174
81. Konfeti bez pečenja u obliku žitarica 176
82. Pločice s malinom i limunom bez pečenja 178
83. Trail barovi bez pečenja 180
84. Granola pločice bez pečenja 182
85. Kockice od čokolade i kokosa koje se ne peku 184
86. Đumbir-narančasti kvadratići koji se ne peku 186
87. Brownies s orasima bez pečenja 188
88. Žitne pločice s čipsom bez pečenja 190
89. Brownies s kikirikijem bez pečenja 192

ENERGETSKE KUGLICE I ZAGRIZACI 194
90. Kuglice za tortu od čokolade 195
91. Snježne kuglice od badema koje se ne peku 197
92. Kakao-Bourbon kuglice bez pečenja 199
93. Kuglice od đumbira koje se ne peku 201
94. Kuglice Mocha likera bez pečenja 203
95. Rum kuglice od trešnje koje se ne peku 205
96. Narančaste kuglice koje se ne peku 207
97. Energetske kuglice s maslacem od kikirikija i čokoladom 209
98. Energetske kuglice s kokosom i bademom 211
99. Energetske kuglice od kolačića od zobene kaše i grožđica 213
100. Proteinske kuglice od čokolade i kokosa 215

ZAKLJUČAK 217

UVOD

Dobrodošli u slatki svijet PROTEINSKI VAFLI PEČENJE BEZ PEČENJA, gdje krećemo na putovanje kako bismo otkrili 100 slatkih poslastica bez potrebe za toplinom pećnice. U kulinarskom svijetu koji se često oslanja na čaroliju pečenja, PROTEINSKI VAFLI donosi kolekciju neodoljivih užitaka koji ne zahtijevaju zagrijavanje, ali obećavaju eksploziju okusa i tekstura. Bilo da ste iskusan kućni pekar ili početnik u kuhinji, ova kompilacija poslastica bez pečenja zasigurno će podići vašu igru slastica na nove visine.

PROTEINSKI VAFLI , kulinarski maestro poznat po svojim inovativnim i pristupačnim receptima, pripremio je izbor koji zadovoljava različite ukuse i preferencije. Od kremastih torti sa sirom do hrskavih kolačića, svaka je poslastica izrađena s preciznošću i dozom kreativnosti. Pripremite se da uronite u svijet u kojem nepostojanje pećnice ne ometa stvaranje remek-djela koja vode vodu u ustima.

Ljepota recepata bez pečenja leži u njihovoj jednostavnosti i učinkovitosti. Kolekcija PROTEINSKI VAFLI poziva vas da istražite goleme mogućnosti stvaranja raskošnih slastica bez konvencionalnog procesa pečenja. Bez obzira imate li vremena, nemate pristup pećnici ili jednostavno tražite jednostavan način da zadovoljite želju za slatkim, ove poslastice bez pečenja nude rješenje koje je i praktično i ukusno.

Recepti na ovim stranicama pokrivaju širok spektar okusa, od klasičnih čokoladnih užitaka do kreacija prožetih egzotičnim voćem. Precizne upute i savjeti PROTEINSKI VAFLI a osiguravaju da čak i pekari početnici mogu uspješno pripremiti ove slatke poslastice. Pripremite se da vas iznenadi lakoća s kojom možete kreirati impresivne slastice koje ne samo da izgledaju zadivljujuće nego su i božanstvenog okusa.

KOLAČI I POGLECI

1. Kolač s jabukama i cimetom

SASTOJCI:
- 2 šalice mrvica graham krekera
- 1/2 šalice neslanog maslaca, otopljenog
- 2 šalice sitno nasjeckanih jabuka
- 1 žličica cimeta
- 1 šalica šlaga
- Karamel umak za prelijevanje

UPUTE:
a) U zdjeli pomiješajte mrvice graham krekera s otopljenim maslacem.
b) Utisnite smjesu u podlogu obložene posude za kruh kako biste oblikovali koricu.
c) U drugoj zdjeli pomiješajte nasjeckane jabuke i cimet.
d) Preko kore rasporedite smjesu od jabuka.
e) Prelijte šlagom i prelijte karamel umakom.
f) Ostavite u hladnjaku nekoliko sati prije rezanja i posluživanja.

2. Cinnamon Swirl Banana Bread

SASTOJCI:
- 2 šalice zdrobljenih graham krekera
- 1/2 šalice otopljenog kokosovog ulja
- 2 zrele banane, zgnječene
- 1 žličica cimeta
- 1 šalica krem sira, omekšalog
- 1/4 šalice meda

UPUTE:
a) Pomiješajte zdrobljene graham krekere s otopljenim kokosovim uljem i utisnite u obloženu tepsiju za koru.
b) U zdjeli pomiješajte zgnječene banane i cimet.
c) Složite smjesu od banana preko kore.
d) U drugoj zdjeli umutite krem sir s medom i umiješajte u sloj banana.
e) Ostavite u hladnjaku nekoliko sati prije rezanja.

3. Školska torta

SASTOJCI:
- 2 šalice digestivnih biskvitnih mrvica
- 1/2 šalice otopljenog maslaca
- 1 šalica zaslađenog kondenziranog mlijeka
- 1 šalica osušenog kokosa
- 1 šalica miješanog suhog voća (grožđice, sultanije, ribizle)

UPUTE:
a) Digestive biskvitne mrvice pomiješati s otopljenim maslacem i utisnuti u obložen kalup za podlogu.
b) U zdjeli pomiješajte kondenzirano mlijeko, sušeni kokos i miješano suho voće.
c) Smjesu rasporediti preko kore.
d) Ostavite u hladnjaku dok se ne stegne, zatim narežite i poslužite.

4.Kolač preliven limunom – Starbucks stil

SASTOJCI:
- 2 šalice mljevenih kolačića s okusom limuna
- 1/2 šalice otopljene bijele čokolade
- 1 šalica šlaga
- Korica od 2 limuna
- Kriške limuna za ukras

UPUTE:
a) Izmrvljene kekse od limuna pomiješajte s otopljenom bijelom čokoladom i utisnite u obloženu tepsiju za koru.
b) Preko kore premazati šlag.
c) Po vrhu pospite limunovu koricu i ukrasite kriškama limuna.
d) Stavite u hladnjak dok se ne stegne, a zatim narežite i uživajte.

5. Bijela čokoladna torta s borovnicama

SASTOJCI:
- 2 šalice mrvica vafla od vanilije
- 1/2 šalice otopljene bijele čokolade
- 1 šalica svježih borovnica
- 1 šalica jogurta od vanilije

UPUTE:
a) Mrvice vanilin napolitanki pomiješati sa otopljenom bijelom čokoladom i utisnuti u obložen kalup za koru.
b) Preko kore redati svježe borovnice.
c) Prelijte jogurtom od vanilije.
d) Ostavite u hladnjaku dok se ne stegne, zatim narežite i poslužite.

6.Torta od čokoladnog kolača

SASTOJCI:
- 2 šalice čokoladnih mrvica keksa
- 1/2 šalice otopljene tamne čokolade
- 1 šalica čokoladnog fudge umaka
- 1 šalica šlaga

UPUTE:
a) Pomiješajte mrvice čokoladnog keksa s otopljenom crnom čokoladom i utisnite u obložen kalup za koru.
b) Preko kore premažite sloj čokoladnog umaka.
c) Odozgo premazati šlagom.
d) Ostavite u hladnjaku dok se ne stegne, zatim narežite i uživajte.

7. Lotus Biscoff kolač od štruce

SASTOJCI:
- 2 šalice mrvica Lotus Biscoff keksa
- 1/2 šalice otopljenog maslaca
- 1 šalica krem sira
- 1/4 šalice šećera u prahu
- Lotus Biscoff namaz za kišenje

UPUTE:
a) Pomiješajte mrvice Lotus Biscoff keksa s otopljenim maslacem i utisnite u obloženu tepsiju za koru.
b) U zdjeli izmiksajte krem sir sa šećerom u prahu i premažite preko kore.
c) Po vrhu pokapajte Lotus Biscoff namaz.
d) Stavite u hladnjak dok se ne stegne, a zatim narežite i uživajte.

8. Ultimativni čokoladni poke kolač

SASTOJCI:
- 2 šalice čokoladnih mrvica za tortu
- 1/2 šalice čokoladnog ganachea
- 1 šalica čokoladnog moussea
- Šlag za preljev

UPUTE:
a) Pomiješajte mrvice od čokoladne torte s čokoladnim ganacheom i utisnite u obložen kalup za podlogu.
b) Izbušite rupe u torti i napunite ih čokoladnim mousseom.
c) Odozgo premazati šlagom.
d) Stavite u hladnjak dok se ne stegne, zatim narežite i prepustite se vrhunskom čokoladnom iskustvu.

9.Super vlažna torta od mrkve

SASTOJCI:
- 2 šalice sitno naribane mrkve
- 1/2 šalice zdrobljenog ananasa, ocijeđenog
- 1 šalica naribanog kokosa
- 1 šalica nasjeckanih oraha
- 1 šalica glazure od krem sira

UPUTE:
a) Pomiješajte naribanu mrkvu, zdrobljeni ananas, nasjeckani kokos i nasjeckane orahe u zdjeli.
b) Pomiješajte glazuru od krem sira dok se dobro ne sjedini.
c) Utisnite smjesu u obloženu tepsiju.
d) Stavite u hladnjak dok se ne stegne, a zatim narežite i uživajte u vlažnom i aromatičnom kolaču od mrkve.

RECEPTI ZA TIJESTO ZA KOLAČIĆE

10. Tava za tijesto za kolače

SASTOJCI:
- 1 šalica jestivog tijesta za kekse
- 1/2 šalice komadića čokolade
- 1/4 šalice mini marshmallowa
- Graham krekeri za umakanje

UPUTE:
a) Utisnite jestivo tijesto za kekse u tavu.
b) Pospite komadiće čokolade i mini marshmallow kolačiće po tijestu za kekse.
c) Stavite tavu u hladnjak dok se ne stegne.
d) Poslužite s graham krekerima za umakanje.

11. Ultimate Oreo Brookie

SASTOJCI:
- 1 šalica zdrobljenih Oreo mrvica
- 1/2 šalice tijesta za kekse s komadićima čokolade
- 1/2 šalice tijesta za brownie
- Šlag za preljev

UPUTE:
a) Utisnite zdrobljene Oreo mrvice u obloženu tepsiju za podlogu.
b) Pritisnite sloj tijesta za kekse s komadićima čokolade preko Oreo baze.
c) Ulijte tijesto za brownie preko tijesta za kekse.
d) Stavite u hladnjak dok se ne stegne, zatim narežite i nadjenite šlagom.

12. Pločice od tijesta za kekse Red Velvet

SASTOJCI:
- 2 šalice tijesta za kolačiće s crvenim baršunom
- 1 šalica komadića bijele čokolade
- Glazura od krem sira za prelijevanje

UPUTE:
a) Tijesto za kolačiće s crvenim baršunom utisnite u obloženu posudu.
b) Pospite komadiće bijele čokolade preko tijesta za kekse.
c) Prelijte glazurom od krem sira na vrh.
d) Ostavite u hladnjaku dok se ne stegne, a zatim narežite na štanglice i poslužite.

13. Tijesto za čokoladne kolačiće bez pečenja

SASTOJCI:
- 2 šalice jestivog tijesta za kekse s komadićima čokolade
- 1 šalica malih komadića čokolade

UPUTE:
a) U tijesto za keksiće s jestivim čokoladnim komadićima umiješajte komadiće mini čokolade.
b) Smjesu oblikujte u kuglice veličine zalogaja.
c) Stavite u hladnjak dok se ne stegne, a zatim uživajte u zalogajima tijesta s čokoladnim kolačićima koji se ne peku.

14. Pločice od tijesta za kolačiće s komadićima čokolade

SASTOJCI:
- 2 šalice jestivog tijesta za kekse s komadićima čokolade
- 1 šalica komadića čokolade (mliječne ili tamne)
- 1/2 šalice neslanog maslaca, otopljenog
- 1 šalica šećera u prahu
- 1 žličica ekstrakta vanilije
- Prstohvat soli

UPUTE:
a) U posudi za miješanje pomiješajte jestivo tijesto za kekse s komadićima čokolade s otopljenim maslacem, šećerom u prahu, ekstraktom vanilije i prstohvatom soli. Miješajte dok se dobro ne sjedini.
b) Kvadratnu ili pravokutnu tepsiju obložite papirom za pečenje, ostavljajući dio za lakše vađenje.
c) Polovicu smjese za tijesto za kekse ravnomjerno utisnite u dno posude kako biste napravili prvi sloj.
d) Otopite komadiće čokolade u posudi prikladnoj za mikrovalnu pećnicu ili na pari.
e) Tijesto za kekse u kalupu prelijte slojem otopljene čokolade, ravnomjerno ga rasporedite lopaticom.
f) Stavite posudu u hladnjak da se čokoladni sloj stegne oko 10-15 minuta.
g) Nakon što se čokoladni sloj stvrdnuo, ravnomjerno rasporedite preostalu smjesu tijesta za kekse preko čokoladnog sloja kako biste stvorili gornji sloj.
h) Po vrhu prelijte još jedan sloj otopljene čokolade i ravnomjerno rasporedite.
i) Stavite pločice u hladnjak na najmanje 2-3 sata ili dok se potpuno ne stvrdnu.
j) Nakon što se stegne, upotrijebite pergamentni papir kako biste podigli šipke iz posude. Stavite na dasku za rezanje i izrežite na kvadrate.
k) Poslužite i uživajte u ovim ukusnim pločicama od tijesta s čokoladnim keksima bez pečenja!

KOLAČI OD SIRA, TARTOVI I PITE

15. Crumble kolač od sira bez pečenja

SASTOJCI:

- 2 šalice mrvica kolačića
- ½ šalice neslanog maslaca, otopljenog
- 16 oz krem sira, omekšali
- 1 šalica šećera u prahu
- 1 žličica ekstrakta vanilije
- 1 šalica gustog vrhnja
- Mrvice keksa za ukras (po želji)

UPUTE:

a) U zdjeli za miješanje pomiješajte mrvice keksa i otopljeni maslac. Miješajte dok se mrvice ravnomjerno ne prekriju.
b) Utisnite smjesu na dno podmazane ili obložene posude od 9 inča kako biste oblikovali koru.
c) Stavite u hladnjak da se ohladi dok pripremate nadjev.
d) U zasebnoj zdjeli za miješanje, tucite krem sir, šećer u prahu i ekstrakt vanilije dok ne postane glatko i kremasto.
e) U drugoj zdjeli umutite gustu pavlaku dok se ne formiraju čvrsti vrhovi.
f) Nježno umiješajte šlag u smjesu od krem sira dok se potpuno ne sjedini.
g) Na pripremljenu koru sipati fil ravnomjerno ga rasporediti.
h) Po želji po vrhu pospite dodatne keks mrvice.
i) Stavite kolač od sira u hladnjak na najmanje 4 sata ili dok se ne stegne.
j) Narežite i poslužite ovaj divan kolačić bez pečenja s mrvljenim sirom!

16. Pita od borovnica bez pečenja

SASTOJCI:
- 1 pripremljena kora od graham krekera
- 4 šalice svježih borovnica
- ½ šalice granuliranog šećera
- ¼ šalice kukuruznog škroba
- ¼ žličice soli
- 1 žlica soka od limuna
- Šlag ili sladoled od vanilije (po želji, za posluživanje)

UPUTE:
a) U loncu pomiješajte 2 šalice borovnica, šećer, kukuruzni škrob, sol i limunov sok.
b) Kuhajte na srednjoj vatri uz često miješanje dok se smjesa ne zgusne i borovnice ne popucaju puštajući sok.
c) Maknite s vatre i ostavite smjesu da se ohladi nekoliko minuta.
d) Umiješajte preostale 2 šalice svježih borovnica.
e) Ulijte nadjev od borovnica u pripremljenu koru graham krekera, ravnomjerno ga rasporedite.
f) Stavite pitu u hladnjak na najmanje 2-3 sata ili dok se ne stegne.
g) Poslužite ohlađeno, po želji preliveno šlagom ili sladoledom od vanilije.

17. Pita od breskvi bez pečenja

SASTOJCI:
- 1 pripremljena kora od graham krekera
- 4 šalice svježih breskvi, oguljenih i narezanih
- ½ šalice granuliranog šećera
- 2 žlice kukuruznog škroba
- ¼ žličice mljevenog cimeta
- Šlag ili sladoled od vanilije (po želji, za posluživanje)

UPUTE:
a) U loncu pomiješajte narezane breskve, šećer, kukuruzni škrob i mljeveni cimet.
b) Kuhajte na srednjoj vatri uz često miješanje dok se smjesa ne zgusne, a breskve omekšaju.
c) Maknite s vatre i ostavite da se nadjev od breskvi ohladi nekoliko minuta.
d) Ulijte nadjev od breskvi u pripremljenu koru graham krekera, ravnomjerno ga rasporedite.
e) Stavite pitu u hladnjak na najmanje 2-3 sata ili dok se ne stegne.
f) Poslužite ohlađeno, po želji preliveno šlagom ili kuglicom sladoleda od vanilije.

18.Pita od bundeve bez pečenja

SASTOJCI:
- 1 pripremljena kora od graham krekera
- 1 šalica konzerviranog pirea od bundeve
- ½ šalice granuliranog šećera
- ½ žličice začina za pitu od bundeve
- ¼ žličice soli
- 1 šalica gustog vrhnja
- Šlag za ukras (po želji)

UPUTE:
a) U zdjeli za miješanje pomiješajte konzervirani pire od bundeve, granulirani šećer, začin za pitu od bundeve i sol. Miješajte dok se dobro ne sjedini.
b) U posebnoj zdjeli za miješanje umutite čvrsto vrhnje dok se ne formiraju čvrsti vrhovi.
c) Nježno umiješajte šlag u smjesu od bundeve dok se potpuno ne sjedini.
d) Ulijte nadjev od bundeve u pripremljenu koru graham krekera, ravnomjerno ga rasporedite.
e) Stavite pitu u hladnjak na najmanje 2-3 sata ili dok se ne stegne.
f) Poslužite ohlađeno, a po želji ukrasite šlagom.

19. pie bez pečenja

SASTOJCI:
- 1 ½ šalice mrvica čokoladnog keksa
- ¼ šalice neslanog maslaca, otopljenog
- 2 šalice ricotta sira
- ½ šalice šećera u prahu
- 1 žličica ekstrakta vanilije
- 1 šalica gustog vrhnja
- Čokoladne strugotine za ukras (po želji)

UPUTE:
a) U posudi za miješanje pomiješajte mrvice čokoladnog keksa i otopljeni maslac. Miješajte dok se mrvice ravnomjerno ne prekriju.
b) Utisnite smjesu na dno podmazane ili obložene posude od 9 inča kako biste oblikovali koru. Stavite u hladnjak da se ohladi dok pripremate nadjev.
c) U zasebnoj zdjeli za miješanje izmiksajte ricotta sir, šećer u prahu i ekstrakt vanilije dok smjesa ne postane glatka.
d) U drugoj zdjeli umutite gustu pavlaku dok se ne formiraju čvrsti vrhovi.
e) Nježno umiješajte tučeno vrhnje u smjesu od ricotte dok se potpuno ne sjedini.
f) Na pripremljenu koru sipati fil ravnomerno ga rasporediti.
g) Stavite pitu u hladnjak na najmanje 4 sata ili dok se ne stegne.
h) Prije posluživanja po želji ukrasite komadićima čokolade.
i) Narežite i uživajte u ovoj kremastoj i čokoladnoj piti od ricotte bez pečenja!

20. Kremasta pita od jogurta bez pečenja

SASTOJCI:
- 1 ½ šalice mrvica graham krekera
- ¼ šalice neslanog maslaca, otopljenog
- 16 oz običnog jogurta ili jogurta od vanilije
- 8 oz krem sira, omekšali
- ½ šalice šećera u prahu
- 1 žličica ekstrakta vanilije
- Svježe voće za preljev (kao što je bobičasto voće, narezane breskve ili kivi)

UPUTE:
a) U zdjeli za miješanje pomiješajte mrvice graham krekera i otopljeni maslac. Miješajte dok se mrvice ravnomjerno ne prekriju.
b) Utisnite smjesu na dno podmazane ili obložene posude za pitu od 9 inča kako biste oblikovali koru. Stavite u hladnjak da se ohladi dok pripremate nadjev.
c) U posebnoj zdjeli za miješanje tucite jogurt, krem sir, šećer u prahu i ekstrakt vanilije dok ne postane glatka i kremasta.
d) Nadjev sipati u pripremljenu koru ravnomjerno ga rasporediti.
e) Nadjenite pitu svježim voćem po izboru.
f) Stavite pitu u hladnjak na najmanje 4 sata ili dok se ne stegne.
g) Narežite i poslužite ovu osvježavajuću i kremastu pitu od jogurta bez pečenja!

21. Sladoledna pita bez pečenja

SASTOJCI:
- 2 šalice mrvica keksa (kao što su graham kreker ili mrvice čokoladnog keksa)
- ½ šalice neslanog maslaca, otopljenog
- 1 litra (4 šalice) sladoleda po vašem izboru, omekšanog
- Šlag, čokoladni umak ili karamel umak za preljev

UPUTE:
a) U zdjeli za miješanje pomiješajte mrvice keksa i otopljeni maslac. Miješajte dok se mrvice ravnomjerno ne prekriju.
b) Utisnite smjesu na dno podmazane ili obložene posude za pitu od 9 inča kako biste oblikovali koru. Stavite u hladnjak da se ohladi dok pripremate nadjev.
c) Omekšali sladoled rasporedite preko pripremljene kore, poravnajte je u ravnomjeran sloj.
d) Stavite pitu u zamrzivač i ostavite da se smrzava najmanje 4 sata ili dok se ne stegne.
e) Prije posluživanja po želji ukrasite šlagom, čokoladnim umakom ili karamel umakom.
f) Narežite i uživajte u ovoj hladnoj i osvježavajućoj sladolednoj piti bez pečenja!

22. Kolač od sira od šifona i ananasa bez pečenja

SASTOJCI:
- 1 ½ šalice mrvica graham krekera
- ¼ šalice neslanog maslaca, otopljenog
- 8 oz laganog krem sira, omekšalog
- ½ šalice šećera u prahu
- 1 konzerva (20 oz) zdrobljenog ananasa, ocijeđenog
- 1 šalica tučenog preljeva (kao što je Cool Whip ili domaći šlag)

UPUTE:
a) U zdjeli za miješanje pomiješajte mrvice graham krekera i otopljeni maslac. Miješajte dok se mrvice ravnomjerno ne prekriju.
b) Utisnite smjesu na dno podmazane ili obložene posude za pitu od 9 inča kako biste oblikovali koru. Stavite u hladnjak da se ohladi dok pripremate nadjev.
c) U posebnoj zdjeli za miješanje tucite svijetli krem sir i šećer u prahu dok ne postane glatko i kremasto.
d) Dodajte ocijeđeni zgnječeni ananas i umućeni preljev dok se dobro ne sjedini.
e) Na pripremljenu koru sipati fil ravnomjerno ga rasporediti.
f) Stavite kolač od sira u hladnjak na najmanje 4 sata ili dok se ne stegne.
g) Narežite i uživajte u ovom laganom i osvježavajućem kolaču od sira od ananasa bez pečenja!

23.Kolač od sira od jaja bez pečenja

SASTOJCI:
- 1 ½ šalice mrvica keksa od đumbira
- ¼ šalice neslanog maslaca, otopljenog
- 16 oz krem sira, omekšali
- 1 šalica šećera u prahu
- 1 žličica ekstrakta vanilije
- ½ žličice mljevenog muškatnog oraščića
- ½ šalice likera od jaja
- Šlag i mljeveni muškatni oraščić za ukras (po želji)

UPUTE:
a) U zdjeli za miješanje pomiješajte mrvice đumbirskog keksa i otopljeni maslac. Miješajte dok se mrvice ravnomjerno ne prekriju.
b) Utisnite smjesu na dno podmazane ili obložene posude od 9 inča kako biste oblikovali koru. Stavite u hladnjak da se ohladi dok pripremate nadjev.
c) U posebnoj zdjeli za miješanje izmiksajte krem sir, šećer u prahu, ekstrakt vanilije i mljeveni muškatni oraščić dok ne postane glatko i kremasto.
d) Postupno dodajte liker od jaja u smjesu krem sira, tukući dok se dobro ne sjedini.
e) Na pripremljenu koru sipati fil ravnomerno ga rasporediti.
f) Stavite kolač od sira u hladnjak na najmanje 4 sata ili dok se ne stegne.
g) Prije posluživanja ukrasite šlagom i po želji pospite mljevenim muškatnim oraščićem.
h) Narežite i uživajte u ovom svečanom i ukusnom kolaču sa sirom od jaja bez pečenja!

24. Philly ljetni kolač od sira bez pečenja

SASTOJCI:
- 2 šalice mrvica graham krekera
- ½ šalice neslanog maslaca, otopljenog
- 2 pakiranja (8 unci) krem sira, omekšali
- 1 šalica šećera u prahu
- 1 žličica ekstrakta vanilije
- 1 šalica gustog vrhnja
- ¼ šalice svježeg soka od limuna
- Korica od 1 limuna
- Za preljev svježe bobičasto ili voće po izboru

UPUTE:
a) U srednjoj zdjeli pomiješajte mrvice graham krekera i rastopljeni maslac. Miješajte dok se mrvice ravnomjerno ne prekriju maslacem.
b) Utisnite smjesu od mrvica na dno kalupa od 9 inča, stvarajući ravnomjeran sloj. Tepsiju staviti u frižider da se ohladi dok pripremate nadjev.
c) U velikoj zdjeli za miješanje tucite krem sir dok ne postane glatko i kremasto.
d) Dodajte šećer u prahu i ekstrakt vanilije u krem sir i nastavite mutiti dok se dobro ne sjedini i postane pjenasto.
e) U posebnoj zdjeli umutite vrhnje dok se ne formiraju čvrsti vrhovi.
f) Nježno umiješajte šlag u smjesu od krem sira.
g) Dodajte svježi limunov sok i koricu limuna u nadjev i savijajte dok se sve dobro ne sjedini.
h) Izvadite kalup iz hladnjaka i izlijte nadjev preko kore graham krekera, zaglađujući vrh lopaticom.
i) Pokrijte posudu plastičnom folijom i ostavite u hladnjaku najmanje 4 sata ili preko noći da se stegne.
j) Prije posluživanja pažljivo uklonite stijenke kalupa.
k) Tortu od sira nadjenite svježim bobičastim ili voćem po izboru.
l) Narežite i poslužite ohlađeno. Uživati!

25. Šifon kolač od marelice bez pečenja

SASTOJCI:
- 2 šalice mrvica graham krekera
- ½ šalice neslanog maslaca, otopljenog
- 1 (8 unca) pakiranje krem sira, omekšali
- ½ šalice šećera u prahu
- 1 žličica ekstrakta vanilije
- 1 šalica tučenog vrhnja
- 1 šalica konzerviranih marelica
- 1 žlica želatine
- ¼ šalice vode

UPUTE:
a) Slijedite korake 1-6 iz prethodnog recepta za pripremu kore od graham krekera i nadjeva od krem sira.
b) U maloj posudi prikladnoj za mikrovalnu pećnicu pospite želatinu vodom i ostavite 5 minuta da omekša.
c) Stavite smjesu želatine u mikrovalnu oko 20 sekundi ili dok se želatina potpuno ne otopi. Neka se malo ohladi.
d) U posebnoj zdjeli umutite čvrsto vrhnje dok se ne formiraju mekani vrhovi.
e) Nježno umiješajte šlag u smjesu od krem sira.
f) Ohlađenu smjesu želatine postupno ulijevajte u smjesu od krem sira uz neprekidno savijanje.
g) Preko korice graham krekera rasporedite marelice.
h) Prelijte smjesu krem sira preko konzervi, ravnomjerno je rasporedite.
i) Pokrijte posudu plastičnom folijom i ostavite u hladnjaku najmanje 4 sata ili preko noći da se stegne.
j) Kada se stegne, uklonite stijenke kalupa i narežite kolač od sira za posluživanje. Uživajte u pahuljastom i divnom kolaču od marelice i šifona bez pečenja!

26. Torta od svježeg voća bez pečenja

SASTOJCI:
- 1 ½ šalice mrvica graham krekera
- ¼ šalice neslanog maslaca, otopljenog
- 8 oz krem sira, omekšali
- ½ šalice šećera u prahu
- 1 žličica ekstrakta vanilije
- Razno svježe voće za preljev
- Voćna glazura ili med za prelijevanje (po želji)

UPUTE:
a) U zdjeli za miješanje pomiješajte mrvice graham krekera i otopljeni maslac. Miješajte dok se mrvice ravnomjerno ne prekriju.
b) Pritisnite smjesu na dno podmazane ili obložene posude za tart od 9 inča kako biste formirali koricu. Stavite u hladnjak da se ohladi dok pripremate nadjev.
c) U zasebnoj zdjeli za miješanje, tucite krem sir, šećer u prahu i ekstrakt vanilije dok ne postane glatko i kremasto.
d) Na pripremljenu koru ravnomjerno rasporedite fil od krem sira.
e) Po nadjevu posložite razno svježe voće.
f) Po želji prelijte voćnom glazurom ili medom za dodatnu slatkoću.
g) Ohladite tart najmanje 1 sat ili dok se ne stegne.
h) Narežite i poslužite ovaj živahni i osvježavajući tart od svježeg voća bez pečenja!

27. Tartleti s jagodama bez pečenja

SASTOJCI:
- 1 ½ šalice mrvica graham krekera
- ⅓ šalice otopljenog maslaca
- 8 oz krem sira, omekšali
- ½ šalice šećera u prahu
- 1 žličica ekstrakta vanilije
- 1 šalica svježih jagoda, narezanih na ploške

UPUTE:
a) U zdjeli pomiješajte mrvice graham krekera i otopljeni maslac dok se dobro ne izmiješaju.
b) Utisnite smjesu od mrvica na dno kalupa za tartlete ili posudice za mini muffine kako biste oblikovali koricu.
c) U posebnoj zdjeli izmiksajte krem sir, šećer u prahu i ekstrakt vanilije dok smjesa ne postane glatka.
d) Žlicom stavljajte smjesu krem sira u kore za tartlete i zagladite vrhove.
e) Pokrijte svaki tartlet svježim kriškama jagoda.
f) Stavite u hladnjak na najmanje 1 sat prije posluživanja.

28. Kolač od limuna bez pečenja

SASTOJCI:
- 1 ½ šalice mrvica graham krekera
- ⅓ šalice otopljenog maslaca
- 8 oz krem sira, omekšali
- ½ šalice šećera u prahu
- ¼ šalice svježe iscijeđenog soka od limuna
- 1 žličica limunove korice
- Šlag za preljev (po želji)

UPUTE:
a) U zdjeli pomiješajte mrvice graham krekera i otopljeni maslac dok se dobro ne izmiješaju.
b) Utisnite smjesu od mrvica na dno posude za tart kako biste oblikovali koricu.
c) U posebnoj zdjeli izmiksajte krem sir, šećer u prahu, limunov sok i limunovu koricu dok ne postane glatko.
d) Smjesu krem sira rasporedite preko kore u kalupu za tart.
e) Ostavite u hladnjaku najmanje 2 sata da se stegne.
f) Prije posluživanja prelijte šlagom (po želji).

29.Torta od čokolade i kikiriki maslaca bez pečenja

SASTOJCI:
- 2 šalice čokoladnih mrvica keksa
- ½ šalice otopljenog maslaca
- 1 šalica kremastog maslaca od kikirikija
- 8 oz krem sira, omekšali
- 1 šalica šećera u prahu
- 1 žličica ekstrakta vanilije
- 1 šalica tučenog vrhnja
- Čokoladne strugotine za ukras

UPUTE:
a) U zdjeli pomiješajte mrvice čokoladnog keksa i otopljeni maslac dok se dobro ne sjedine.
b) Utisnite smjesu od mrvica na dno posude za tart kako biste oblikovali koricu.
c) U posebnoj zdjeli izmiksajte maslac od kikirikija, krem sir, šećer u prahu i ekstrakt vanilije dok ne postane glatko.
d) Umiješajte šlag.
e) Rasporedite smjesu maslaca od kikirikija preko kore u kalupu za tart.
f) Ostavite u hladnjaku najmanje 4 sata da se stegne.
g) Prije posluživanja ukrasite komadićima čokolade.

30. Tortice s malinama i bademima koje se ne peku

SASTOJCI:
- 1 ½ šalice obroka od badema
- ¼ šalice otopljenog kokosovog ulja
- ¼ šalice javorovog sirupa
- 8 oz krem sira, omekšali
- ½ šalice šećera u prahu
- 1 žličica ekstrakta badema
- Svježe maline za preljev

UPUTE:
a) U zdjeli pomiješajte brašno od badema, otopljeno kokosovo ulje i javorov sirup dok se dobro ne izmiješaju.
b) Utisnite smjesu badema na dno kalupa za tartlete ili posudice za mini muffine kako biste oblikovali koricu.
c) U posebnoj posudi izmiksajte krem sir, šećer u prahu i ekstrakt badema dok ne postane glatko.
d) Žlicom stavljajte smjesu krem sira u kore za tartlete i zagladite vrhove.
e) Nadjenite svaku tartletu svježim malinama.
f) Stavite u hladnjak na najmanje 1 sat prije posluživanja.

31.Oreo kolač od mente bez pečenja

SASTOJCI:
- 2 šalice mrvica Oreo keksa
- ½ šalice otopljenog maslaca
- 8 oz krem sira, omekšali
- ½ šalice šećera u prahu
- 1 žličica ekstrakta paprene metvice
- Zelena prehrambena boja (po izboru)
- Šlag za preljev
- Čokoladni sirup za prelijevanje

UPUTE:
a) U zdjeli pomiješajte mrvice Oreo keksa i otopljeni maslac dok se dobro ne sjedine.
b) Utisnite smjesu od mrvica na dno posude za tart kako biste oblikovali koricu.
c) U zasebnoj zdjeli izmiksajte krem sir, šećer u prahu, ekstrakt paprene metvice i zelenu prehrambenu boju (ako koristite) dok ne dobijete glatku smjesu.
d) Smjesu krem sira rasporedite preko kore u kalupu za tart.
e) Ostavite u hladnjaku najmanje 2 sata da se stegne.
f) Prelijte šlagom i pokapajte čokoladnim sirupom prije posluživanja.

32. Tartlete s mangom i kokosom bez pečenja

SASTOJCI:
- 1 ½ šalice kokosovih pahuljica
- ¼ šalice otopljenog kokosovog ulja
- ¼ šalice meda
- 8 oz krem sira, omekšali
- ½ šalice šećera u prahu
- 1 žličica ekstrakta vanilije
- Kriške svježeg manga za preljev

UPUTE:
a) U zdjeli pomiješajte kokosove pahuljice, otopljeno kokosovo ulje i med dok se dobro ne izmiješaju.
b) Utisnite smjesu kokosa na dno kalupa za tartlete ili čaše za mini muffine kako biste oblikovali koricu.
c) U posebnoj zdjeli izmiksajte krem sir, šećer u prahu i ekstrakt vanilije dok smjesa ne postane glatka.
d) Žlicom stavljajte smjesu krem sira u kore za tartlete i zagladite vrhove.
e) Pokrijte svaku tartletu svježim kriškama manga.
f) Stavite u hladnjak na najmanje 1 sat prije posluživanja.

33.Karamel kolač od oraha bez pečenja

SASTOJCI:
- 2 šalice mrvica graham krekera
- ½ šalice otopljenog maslaca
- 1 šalica karamel umaka
- 8 oz krem sira, omekšali
- ½ šalice šećera u prahu
- 1 žličica ekstrakta vanilije
- Sjeckani pecan orasi za preljev

UPUTE:
a) U zdjeli pomiješajte mrvice graham krekera i otopljeni maslac dok se dobro ne izmiješaju.
b) Utisnite smjesu od mrvica na dno posude za tart kako biste oblikovali koricu.
c) Premažite karamel umak preko kore u kalupu za tart.
d) U posebnoj zdjeli izmiksajte krem sir, šećer u prahu i ekstrakt vanilije dok smjesa ne postane glatka.
e) Rasporedite smjesu krem sira preko sloja karamele.
f) Na vrh stavite nasjeckane pekan orahe.
g) Ostavite u hladnjaku najmanje 2 sata da se stegne.

34. Čokoladni kolač od banane bez pečenja

SASTOJCI:
- 1 ½ šalice mrvica čokoladnog keksa
- ⅓ šalice otopljenog maslaca
- 8 oz krem sira, omekšali
- ½ šalice šećera u prahu
- 2 zrele banane, narezane na ploške
- Čokoladni umak za preljev

UPUTE:
a) U zdjeli pomiješajte mrvice čokoladnog keksa i otopljeni maslac dok se dobro ne sjedine.
b) Utisnite smjesu od mrvica na dno posude za tart kako biste oblikovali koricu.
c) U posebnoj zdjeli izmiksajte krem sir i šećer u prahu dok ne postane glatko.
d) Smjesu krem sira rasporedite preko kore u kalupu za tart.
e) Posložite kriške banane na vrh sloja krem sira.
f) Preko banana prelijte čokoladni umak.
g) Ostavite u hladnjaku najmanje 2 sata da se stegne.

35. Kinder punjena pita od kolačića

SASTOJCI:
- 2 šalice tijesta za kekse s komadićima čokolade
- 8 Kinder čokoladica (ili slično)
- 1/2 šalice nasjeckanih lješnjaka (po želji)

UPUTE:
a) Zagrijte pećnicu na 350°F (175°C).
b) Utisnite polovicu tijesta za kolače na dno posude za pitu.
c) Po tijestu ravnomjerno rasporedite Kinder čokoladice.
d) Prelijte preostalim tijestom za kolačiće, prekrijte čokoladice.
e) Po želji po vrhu posuti nasjeckanim lješnjacima.
f) Pecite 20-25 minuta ili dok rubovi ne porumene.
g) Ostavite da se ohladi prije rezanja i posluživanja.

KOLAČIĆI

36. Nutella kolačići s četiri sastojka

SASTOJCI:
- 1 šalica Nutelle
- 1 šalica višenamjenskog brašna
- 1 veliko jaje
- 1/2 šalice nasjeckanih lješnjaka (po želji)

UPUTE:
a) Zagrijte pećnicu na 350°F (175°C).
b) U zdjeli pomiješajte Nutellu, brašno i jaje dok se dobro ne sjedine.
c) Ubacite nasjeckane lješnjake ako ih koristite.
d) Žličnjacima stavljati tijesto na lim za pečenje.
e) Pecite 8-10 minuta ili dok se rubovi ne stvrdnu.
f) Ostavite kolačiće da se ohlade na limu za pečenje nekoliko minuta prije nego što ih prebacite na rešetku.

37. Mekani i za žvakanje Rainbow kolačići

SASTOJCI:
- 2 šalice tijesta za šećerne kolačiće
- Prehrambene boje (razne boje)
- Prskalice

UPUTE:
a) Tijesto za šećerne kolačiće podijelite na nekoliko dijelova.
b) Svakoj porciji dodajte različite prehrambene boje kako biste stvorili duginu boju.
c) Svaki obojeni dio razvaljajte u male loptice.
d) Kuglice rasporedite u duginim uzorcima na tanjur.
e) Pospite šarenim posipima.
f) Stavite u hladnjak dok se ne stegne prije posluživanja.

38. Mekani i čvrsti kolačići s komadićima čokolade

SASTOJCI:
- 2 šalice višenamjenskog brašna
- 1 žličica sode bikarbone
- 1/2 žličice soli
- 1 šalica neslanog maslaca, omekšalog
- 3/4 šalice smeđeg šećera
- 3/4 šalice granuliranog šećera
- 2 velika jaja
- 2 žličice ekstrakta vanilije
- 2 šalice komadića čokolade

UPUTE:
a) Zagrijte pećnicu na 350°F (175°C).
b) U zdjeli pomiješajte brašno, sodu bikarbonu i sol.
c) U drugoj zdjeli pomiješajte maslac, smeđi šećer i granulirani šećer dok ne postane svijetlo i pjenasto.
d) Umutite jedno po jedno jaje pa umiješajte vaniliju.
e) Postupno dodajte suhe sastojke u mokre sastojke, miksajući dok se ne sjedine.
f) Ubacite komadiće čokolade.
g) Zaobljene žlice tijesta stavljajte na nepodmazane limove za pečenje.
h) Pecite 10-12 minuta ili dok rubovi ne porumene.
i) Ostavite kolačiće da se ohlade na limu za pečenje nekoliko minuta prije nego što ih prebacite na rešetku.

39.Butterscotch kolačići koji se ne peku

SASTOJCI:
- ½ šalice neslanog maslaca
- 1 šalica granuliranog šećera
- ½ šalice evaporiranog mlijeka
- 1 žličica ekstrakta vanilije
- 1 šalica čipsa od maslaca
- 3 šalice zobi za brzo kuhanje

UPUTE:
a) U loncu otopite maslac na srednje jakoj vatri.
b) Umiješajte šećer i evaporirano mlijeko. Zakuhajte uz stalno miješanje.
c) Maknite s vatre i umiješajte ekstrakt vanilije i čips od maslaca dok smjesa ne postane glatka i otopljena.
d) Umiješajte zobene pahuljice koje se brzo kuhaju dok se dobro ne prekriju.
e) Žlicama stavljajte smjesu na voštani papir ili lim za pečenje.
f) Ostavite kolačiće da se ohlade i stisnu na sobnoj temperaturi.

40. Kolačići s narančom bez pečenja

SASTOJCI:
- 2 šalice mljevenih vanilin kolačića
- 1 šalica šećera u prahu
- 1 šalica sitno nasjeckanih pekan oraha
- ½ šalice soka od naranče
- Korica 1 naranče
- ½ šalice nasjeckanog kokosa (po želji)

UPUTE:
a) U zdjeli za miješanje pomiješajte zdrobljene kolačiće od vanilije, šećer u prahu, nasjeckane pekan orahe, narančin sok i narančinu koricu. Dobro promiješajte dok se sastojci potpuno ne sjedine.
b) Smjesu razvaljajte u male kuglice i stavite ih na pleh obložen papirom za pečenje.
c) Po želji uvaljajte kuglice u nasjeckani kokos za dodatnu teksturu i okus.
d) Ostavite u hladnjaku najmanje 1 sat da se kolačići stegne.
e) Poslužite ohlađene i uživajte u ovim divnim narančastim kolačićima koji se ne peku.

41. Kolačići s maslacem od kikirikija koji se ne peku

SASTOJCI:
- 1 šalica kremastog maslaca od kikirikija
- ½ šalice meda ili javorovog sirupa
- 2 šalice valjane zobi
- ½ šalice nasjeckanog kokosa (po želji)
- ¼ šalice nasjeckanog kikirikija (po želji)

UPUTE:
a) U zdjeli za miješanje pomiješajte maslac od kikirikija i med ili javorov sirup dok ne postane glatko.
b) U smjesu dodajte zobene pahuljice i miješajte dok se dobro ne sjedini.
c) Ako želite, umiješajte nasjeckani kokos i nasjeckani kikiriki za dodatnu teksturu i okus.
d) Od smjese uzimajte male dijelove i oblikujte kolačiće.
e) Kolačiće stavite na pleh obložen papirom za pečenje.
f) Ostavite u hladnjaku najmanje 1 sat da se kolačići stegne.
g) Uživajte u ovim ukusnim kolačićima s maslacem od kikirikija koji se ne peku i bogati su proteinima.

42. Čokoladni zobeni kolačići bez pečenja

SASTOJCI:
- ½ šalice neslanog maslaca
- 2 šalice granuliranog šećera
- ½ šalice mlijeka
- ¼ šalice nezaslađenog kakaa u prahu
- 3 šalice zobi za brzo kuhanje
- ½ šalice kremastog maslaca od kikirikija
- 1 žličica ekstrakta vanilije

UPUTE:
a) U loncu pomiješajte maslac, šećer, mlijeko i kakao prah. Pustite da zakipi na srednjoj vatri uz stalno miješanje.
b) Maknite s vatre i umiješajte zobene pahuljice koje se brzo kuhaju, maslac od kikirikija i ekstrakt vanilije dok se dobro ne sjedine.
c) Žlicama stavljajte smjesu na voštani papir ili lim za pečenje.
d) Ostavite kolačiće da se ohlade i stisnu na sobnoj temperaturi.

43. Želatinski kolačići od zobenih pahuljica bez pečenja

SASTOJCI:
- 2 šalice brze zobi
- 1 šalica šećera
- ½ šalice neslanog maslaca
- ½ šalice mlijeka
- 1 žličica ekstrakta vanilije
- 1 paket (3 oz) želatine s okusom (kao što je jagoda ili naranča)

UPUTE:
a) U loncu pomiješajte šećer, neslani maslac i mlijeko. Pustite da zakipi na srednjoj vatri uz stalno miješanje.
b) Maknite lonac s vatre i umiješajte ekstrakt vanilije i aromatiziranu želatinu.
c) Dodajte brzu zob u tavu i miješajte dok se dobro ne prekrije.
d) Žlicama stavljajte smjesu na lim za pečenje obložen voštanim papirom.
e) Ostavite kolačiće da se ohlade i stisnu na sobnoj temperaturi ili u hladnjaku da se brže stvrdnu.
f) Kad se stegne, prebacite u hermetički zatvorenu posudu i čuvajte na sobnoj temperaturi.
g) Uživajte u ovim ukusnim želatinskim kolačićima od zobenih pahuljica koji se ne peku!

44.Penuche kolačići bez pečenja

SASTOJCI:
- ½ šalice neslanog maslaca
- 2 šalice smeđeg šećera
- ½ šalice mlijeka
- 3 šalice brze zobi
- 1 šalica nasjeckanih orašastih plodova (poput oraha ili pekan oraha)
- 1 žličica ekstrakta vanilije

UPUTE:
a) U loncu otopite maslac na srednje jakoj vatri.
b) Umiješajte smeđi šećer i mlijeko. Pustite smjesu da prokuha uz stalno miješanje.
c) Maknite lonac s vatre i umiješajte zobene pahuljice, nasjeckane orašaste plodove i ekstrakt vanilije.
d) Žlicama stavljajte smjesu na lim za pečenje obložen voštanim papirom.
e) Ostavite kolačiće da se ohlade i stisnu na sobnoj temperaturi ili u hladnjaku da se brže stvrdnu.
f) Kad se stegne, prebacite u hermetički zatvorenu posudu i čuvajte na sobnoj temperaturi.
g) Uživajte u ovim slasnim i aromatičnim kolačićima koji se ne peku!

45.Bourbon zobeni kolačići bez pečenja

SASTOJCI:
- 1 ½ šalice valjane zobi
- 1 šalica kremastog maslaca od kikirikija
- ½ šalice meda
- ¼ šalice burbona
- ½ šalice nezaslađenog kakaa u prahu
- ½ šalice nasjeckanog kokosa (po želji)

UPUTE:
a) U velikoj zdjeli za miješanje pomiješajte zobene pahuljice, maslac od kikirikija, med, burbon i kakao prah.
b) Pomiješajte sve sastojke dok se dobro ne sjedine i smjesa ostane zajedno.
c) Smjesu oblikujte u obliku cjepanice ili je razvaljajte u male loptice veličine zalogaja.
d) Po želji kolačiće uvaljajte u naribani kokos lagano pritiskajući kokos na površinu.
e) Stavite kolačiće na lim ili tanjur obložen papirom za pečenje.
f) Ostavite kolačiće u hladnjaku najmanje 1 sat ili dok se ne stvrdnu.
g) Kad se ohladi i stegne, narežite kolačiće na željenu debljinu i poslužite. Ovi ukusni kolačići od bourbona koji se ne peku za kriške i posluživanje spremni su za uživanje!

46.Matcha kolačići od bijele čokolade bez pečenja

SASTOJCI:
- 2 šalice valjane zobi
- 1 šalica komadića bijele čokolade
- ½ šalice maslaca od badema
- ¼ šalice meda
- 1 žlica matcha praha
- 1 žličica ekstrakta vanilije

UPUTE:
a) U velikoj zdjeli za miješanje pomiješajte valjanu zob i matcha prah.
b) U zdjeli prikladnoj za mikrovalnu pećnicu otopite komadiće bijele čokolade u mikrovalnoj pećnici, miješajući svakih 30 sekundi dok smjesa ne postane glatka.
c) Dodajte maslac od badema, med i ekstrakt vanilije u otopljenu bijelu čokoladu i miješajte dok se dobro ne sjedini.
d) Mokru smjesu prelijte preko zobi i matche i miješajte dok svi sastojci ne budu ravnomjerno obloženi.
e) Žlicama stavljajte smjesu na obložen lim za pečenje i malo poravnajte.
f) Ostavite u hladnjaku oko 1 sat ili dok se ne stegne.

47. Kolačići s limetom i kokosom koji se ne peku

SASTOJCI:
- 2 šalice naribanog kokosa
- 1 šalica bademovog brašna
- ½ šalice kokosovog vrhnja
- ¼ šalice javorovog sirupa
- Korica 2 limete
- Sok od 1 limete

UPUTE:
a) U zdjeli za miješanje pomiješajte nasjeckani kokos i bademovo brašno.
b) Dodajte kokosovo vrhnje, javorov sirup, koricu limete i sok limete u zdjelu i miješajte dok se dobro ne sjedini.
c) Od smjese oblikujte male okruglice veličine kolačića i stavite ih na lim obložen papirom za pečenje.
d) Ostavite u hladnjaku najmanje 2 sata ili dok se ne stegne.

48. Kolačići od pistacija i brusnice bez pečenja

SASTOJCI:
- 2 šalice starinske zobi
- 1 šalica nasjeckanih pistacija
- ½ šalice suhih brusnica, nasjeckanih
- ½ šalice maslaca od badema
- ⅓ šalice meda
- 1 žličica ekstrakta vanilije
- ¼ žličice soli

UPUTE:
a) U velikoj zdjeli za miješanje pomiješajte zob, pistacije i sušene brusnice.
b) U malom loncu zagrijte maslac od badema, med, ekstrakt vanilije i sol na laganoj vatri, miješajući dok se dobro ne sjedine.
c) Prelijte smjesu bademovog maslaca preko suhih sastojaka i miješajte dok sve ne bude ravnomjerno obloženo.
d) Rukama ili žlicom oblikujte smjesu u kolačiće i slažite ih na obložen lim za pečenje.
e) Ostavite u hladnjaku oko 1 sat ili dok se ne stegne.

49. Chai začinjeni kolačići bez pečenja

SASTOJCI:
- 2 šalice hrskavih rižinih pahuljica
- 1 šalica maslaca od badema
- ½ šalice meda
- 1 žličica mješavine začina za čaj (cimet, kardamom, đumbir, klinčić, muškatni oraščić)
- 1 žličica ekstrakta vanilije
- Prstohvat soli

UPUTE:
a) U velikoj zdjeli za miješanje pomiješajte hrskave rižine pahuljice i mješavinu začina za čaj.
b) U malom loncu zagrijte maslac od badema, med, ekstrakt vanilije i sol na laganoj vatri, miješajući dok se dobro ne sjedine.
c) Prelijte mješavinu bademovog maslaca preko mješavine žitarica i začina i miješajte dok sve ne bude ravnomjerno obloženo.
d) Smjesu oblikujte u kolačiće ili utisnite u obloženu posudu za pečenje i narežite na štanglice.
e) Ostavite u hladnjaku oko 1 sat ili dok se ne stegne.

GROZDOVI I STOGOVI

50. No-Bake Fudge Clusters

SASTOJCI:
- 2 šalice komadića čokolade
- ½ šalice zaslađenog kondenziranog mlijeka
- 1 žličica ekstrakta vanilije
- 1 šalica nasjeckanih orašastih plodova (kao što su orasi ili bademi)
- 1 šalica hrskavih rižinih pahuljica

UPUTE:
a) U zdjeli prikladnoj za mikrovalnu pomiješajte komadiće čokolade i zaslađeno kondenzirano mlijeko.
b) Stavite smjesu u mikrovalnu u intervalima od 30 sekundi, miješajući nakon svakog intervala dok se komadići čokolade ne otope i postanu glatki.
c) Umiješajte ekstrakt vanilije, nasjeckane orašaste plodove i hrskave rižine pahuljice dok se dobro ne sjedine.
d) Žlicama stavljajte smjesu na lim za pečenje obložen voštanim papirom.
e) Pustite da se kolačići ohlade i stisnu na sobnoj temperaturi.
f) Kad se stegne, prebacite u hermetički zatvorenu posudu i čuvajte na sobnoj temperaturi.
g) Uživajte u ovim slatkim i jednostavnim grozdovima slatkih kolačića koji se ne peku!

51.Čokoladni grozdovi maslaca od kikirikija bez pečenja

SASTOJCI:

- 1 šalica kremastog maslaca od kikirikija
- ½ šalice meda ili javorovog sirupa
- ¼ šalice otopljenog kokosovog ulja
- 2 šalice valjane zobi
- ½ šalice malih komadića čokolade

UPUTE:

a) U zdjeli za miješanje pomiješajte maslac od kikirikija, med (ili javorov sirup) i rastopljeno kokosovo ulje dok se dobro ne sjedine.
b) Umiješajte zobene pahuljice i male komadiće čokolade.
c) Žlicama stavljajte smjesu na obložen lim za pečenje ili u kalupe za male muffine.
d) Ostavite u hladnjaku najmanje 1 sat da se stegne.

52. Grozdovi veselja od badema bez pečenja

SASTOJCI:
- 1 šalica maslaca od badema
- ¼ šalice meda ili javorovog sirupa
- ¼ šalice otopljenog kokosovog ulja
- 2 šalice naribanog kokosa
- ½ šalice nasjeckanih badema
- ½ šalice malih komadića čokolade

UPUTE:
a) U zdjeli za miješanje pomiješajte maslac od badema, med (ili javorov sirup) i rastopljeno kokosovo ulje dok se dobro ne sjedine.
b) Umiješajte nasjeckani kokos, nasjeckane bademe i male komadiće čokolade.
c) Žlicama stavljajte smjesu na obložen lim za pečenje ili u kalupe za male muffine.
d) Ostavite u hladnjaku najmanje 1 sat da se stegne.

53. No-Bake Trail Mix klasteri

SASTOJCI:
- 1 šalica kremastog maslaca od orašastih plodova (npr. maslac od badema, maslac od kikirikija)
- ¼ šalice meda ili javorovog sirupa
- ¼ šalice otopljenog kokosovog ulja
- 2 šalice valjane zobi
- ½ šalice nasjeckanih orašastih plodova (npr. bademi, orasi)
- ¼ šalice suhog voća (npr. brusnice, grožđice)
- ¼ šalice malih komadića čokolade

UPUTE:
a) U zdjeli za miješanje pomiješajte maslac od oraha, med (ili javorov sirup) i rastopljeno kokosovo ulje dok se dobro ne izmiješaju.
b) Umiješajte zobene zobene pahuljice, nasjeckane orašaste plodove, sušeno voće i male komadiće čokolade.
c) Žlicama stavljajte smjesu na obložen lim za pečenje ili u kalupe za male muffine.
d) Ostavite u hladnjaku najmanje 1 sat da se stegne.

54. Grozdovi malina od bijele čokolade bez pečenja

SASTOJCI:
- 1 šalica kremastog maslaca od orašastih plodova (npr. maslac od badema, maslac od indijskih oraščića)
- ¼ šalice meda ili javorovog sirupa
- ¼ šalice otopljenog kokosovog ulja
- 2 šalice naribanog kokosa
- ½ šalice liofiliziranih malina
- ½ šalice komadića bijele čokolade

UPUTE:
a) U zdjeli za miješanje pomiješajte maslac od oraha, med (ili javorov sirup) i rastopljeno kokosovo ulje dok se dobro ne izmiješaju.
b) Umiješajte nasjeckani kokos, liofilizirane maline i komadiće bijele čokolade.
c) Žlicama stavljajte smjesu na obložen lim za pečenje ili u kalupe za male muffine.
d) Ostavite u hladnjaku najmanje 1 sat da se stegne.

55.Karamel pereci koji se ne peku

SASTOJCI:
- 1 šalica kremastog maslaca od kikirikija
- ¼ šalice meda ili javorovog sirupa
- ¼ šalice otopljenog kokosovog ulja
- 2 šalice zdrobljenih pereca
- ½ šalice komadića karamele ili nasjeckanih karamel bombona
- ½ šalice malih komadića čokolade

UPUTE:
a) U zdjeli za miješanje pomiješajte maslac od kikirikija, med (ili javorov sirup) i rastopljeno kokosovo ulje dok se dobro ne sjedine.
b) Umiješajte zdrobljene perece, komadiće karamele i male komadiće čokolade.
c) Žlicama stavljajte smjesu na obložen lim za pečenje ili u kalupe za male muffine.
d) Ostavite u hladnjaku najmanje 1 sat da se stegne.

56. Grozdovi pistacija od brusnice bez pečenja

SASTOJCI:
- 1 šalica maslaca od badema
- ¼ šalice meda ili javorovog sirupa
- ¼ šalice otopljenog kokosovog ulja
- 2 šalice valjane zobi
- ½ šalice sušenih brusnica
- ½ šalice nasjeckanih pistacija

UPUTE:
a) U zdjeli za miješanje pomiješajte maslac od badema, med (ili javorov sirup) i rastopljeno kokosovo ulje dok se dobro ne sjedine.
b) Umiješajte zobene zobene pahuljice, sušene brusnice i nasjeckane pistacije.
c) Žlicama stavljajte smjesu na obložen lim za pečenje ili u kalupe za male muffine.
d) Ostavite u hladnjaku najmanje 1 sat da se stegne.

57.Grozdovi trešanja od tamne čokolade bez pečenja

SASTOJCI:
- 1 šalica kremastog maslaca od orašastih plodova (npr. maslac od badema, maslac od indijskih oraščića)
- ¼ šalice meda ili javorovog sirupa
- ¼ šalice otopljenog kokosovog ulja
- 2 šalice valjane zobi
- ½ šalice suhih višanja
- ½ šalice komadića tamne čokolade

UPUTE:
a) U zdjeli za miješanje pomiješajte maslac od oraha, med (ili javorov sirup) i rastopljeno kokosovo ulje dok se dobro ne izmiješaju.
b) Umiješajte zobene zobene pahuljice, sušene višnje i komadiće tamne čokolade.
c) Žlicama stavljajte smjesu na obložen lim za pečenje ili u kalupe za male muffine.
d) Ostavite u hladnjaku najmanje 1 sat da se stegne.

HRSKAV, MRVLJEN I POSTOLAR

58. No-Bake Peach Crisp

SASTOJCI:
- 4 šalice svježih breskvi, oguljenih i narezanih
- 1 žlica soka od limuna
- ¼ šalice meda ili javorovog sirupa
- ½ žličice ekstrakta vanilije
- 1 šalica valjane zobi
- ½ šalice bademovog brašna
- ¼ šalice nasjeckanih badema ili pekan oraha
- 2 žlice otopljenog kokosovog ulja
- ½ žličice mljevenog cimeta

UPUTE:
a) U zdjeli pomiješajte narezane breskve, limunov sok, med ili javorov sirup i ekstrakt vanilije. Miješajte dok se breskve ne prekriju.
b) U zasebnoj zdjeli pomiješajte zobene zobi, bademovo brašno, nasjeckane bademe ili pekan orahe, otopljeno kokosovo ulje i mljeveni cimet dok ne postanu mrvice.
c) Polovicu zobene smjese ravnomjerno rasporedite po dnu namašćene posude za pečenje.
d) Prelijte smjesu breskvi preko zobenog sloja.
e) Preostalu mješavinu zobi pospite po vrhu breskvi.
f) Ostavite u hladnjaku najmanje 2 sata da se hrskavica stegne.
g) Poslužite ohlađeno ili toplo i uživajte u slasnoj hrskavici od breskve koja se ne peče.

59. Hrskavi jabuke bez pečenja

SASTOJCI:
- 4 šalice narezanih jabuka
- ¼ šalice meda ili javorovog sirupa
- 1 žličica soka od limuna
- 1 šalica valjane zobi
- ½ šalice bademovog ili običnog brašna
- ¼ šalice otopljenog kokosovog ulja ili maslaca
- ¼ šalice grožđica ili suhih brusnica
- ½ žličice cimeta

UPUTE:
a) U zdjeli za miješanje pomiješajte narezane jabuke, med ili javorov sirup, limunov sok, grožđice (ili sušene brusnice) i cimet dok se dobro ne prekriju.
b) U zasebnoj zdjeli pomiješajte zobene zobi, bademovo brašno (ili obično brašno), otopljeno kokosovo ulje (ili maslac) i cimet dok ne postanu mrvičasti.
c) Smjesu od jabuka ravnomjerno rasporedite u posudu za pečenje.
d) Pospite zobenu smjesu preko jabuka, potpuno ih prekrivši.
e) Ostavite u hladnjaku najmanje 2 sata da se okusi prožmu.
f) Poslužite ohlađeno.

60. No-Bake Mixed Berry Cobbler

SASTOJCI:
- 4 šalice miješanog bobičastog voća
- ¼ šalice meda ili javorovog sirupa
- 1 žličica soka od limuna
- 1 šalica bademovog brašna ili običnog brašna
- ½ šalice valjane zobi
- ¼ šalice otopljenog kokosovog ulja ili maslaca
- ¼ šalice nasjeckanih badema ili oraha

UPUTE:
a) U zdjeli za miješanje pomiješajte izmiješano bobičasto voće, med ili javorov sirup i limunov sok dok se dobro ne prekrije.
b) U zasebnoj zdjeli pomiješajte bademovo brašno (ili obično brašno), zobene zobene pahuljice, otopljeno kokosovo ulje (ili maslac) i nasjeckane bademe (ili orahe) dok ne postanu mrvice.
c) Smjesu bobičastog voća ravnomjerno rasporedite u posudu za pečenje.
d) Pospite mješavinu zobi preko bobičastog voća tako da ih potpuno prekrijete.
e) Ostavite u hladnjaku najmanje 2 sata da se okusi prožmu.
f) Poslužite ohlađeno.

61. No-Bake Cherry Crisp

SASTOJCI:
- 4 šalice trešanja bez koštica
- ¼ šalice meda ili javorovog sirupa
- 1 žličica soka od limuna
- 1 šalica bademovog brašna ili običnog brašna
- ½ šalice valjane zobi
- ¼ šalice otopljenog kokosovog ulja ili maslaca
- ¼ šalice narezanih badema ili nasjeckanih pekan oraha

UPUTE:
a) U zdjeli za miješanje pomiješajte otkoštene trešnje, med ili javorov sirup i limunov sok dok se dobro ne pomiješaju.
b) U zasebnoj zdjeli pomiješajte bademovo brašno (ili obično brašno), zobene zobene pahuljice, otopljeno kokosovo ulje (ili maslac) i narezane bademe (ili nasjeckane orahe pekan) dok ne postanu mrvice.
c) Smjesu od višanja ravnomjerno rasporedite u posudu za pečenje.
d) Pospite zobenu smjesu preko trešanja, potpuno ih prekrivši.
e) Ostavite u hladnjaku najmanje 2 sata da se okusi prožmu.
f) Poslužite ohlađeno.

62. Krompir od manga i kokosa bez pečenja

SASTOJCI:
- 4 šalice manga narezanog na kockice
- ¼ šalice meda ili javorovog sirupa
- 1 žličica soka od limete
- 1 šalica naribanog kokosa
- ½ šalice bademovog ili običnog brašna
- ¼ šalice otopljenog kokosovog ulja ili maslaca
- ¼ šalice nasjeckanih makadamija ili indijskih oraščića

UPUTE:
a) U zdjeli za miješanje pomiješajte mango narezan na kockice, med ili javorov sirup i sok limete dok se dobro ne prekrije.
b) U posebnoj zdjeli pomiješajte nasjeckani kokos, bademovo brašno (ili obično brašno), otopljeno kokosovo ulje (ili maslac) i nasjeckane makadamija orahe (ili indijske oraščiće) dok ne postanu mrvičasti.
c) Ravnomjerno rasporedite smjesu manga u posudu za pečenje.
d) Pospite smjesu kokosa po mangu, potpuno ga prekrivši.
e) Ostavite u hladnjaku najmanje 2 sata da se okusi prožmu.
f) Poslužite ohlađeno.

63. Hrskavi s borovnicama i bademima bez pečenja

SASTOJCI:
- 4 šalice svježih borovnica
- ¼ šalice meda ili javorovog sirupa
- 1 žličica soka od limuna
- 1 šalica bademovog brašna ili običnog brašna
- ½ šalice valjane zobi
- ¼ šalice otopljenog kokosovog ulja ili maslaca
- ¼ šalice narezanih badema

UPUTE:
a) U zdjeli za miješanje pomiješajte borovnice, med ili javorov sirup i limunov sok dok se dobro ne prekriju.
b) U zasebnoj zdjeli pomiješajte bademovo brašno (ili obično brašno), zobene zobene pahuljice, otopljeno kokosovo ulje (ili maslac) i narezane bademe dok ne postanu mrvičasti.
c) Smjesu borovnica ravnomjerno rasporedite u posudu za pečenje.
d) Posipajte smjesu od badema preko borovnica tako da ih potpuno prekrijete.
e) Ostavite u hladnjaku najmanje 2 sata da se okusi prožmu.
f) Poslužite ohlađeno.

64. Dragon Fruit Crumble bez pečenja

SASTOJCI:
- 2 zmajeva voća, izdubljena i narezana na kockice
- 1 žlica soka od limete
- ¼ šalice granuliranog šećera
- 1 šalica bademovog brašna
- ¼ šalice naribanog kokosa
- ¼ šalice nasjeckanih oraha makadamije
- 2 žlice meda
- 2 žlice kokosovog ulja, otopljenog

UPUTE:
a) U zdjeli pomiješajte dragon fruit narezan na kockice, sok limete i granulirani šećer. Dobro promiješajte.
b) U drugoj zdjeli pomiješajte bademovo brašno, nasjeckani kokos, nasjeckane orahe makadamije, med i rastopljeno kokosovo ulje dok ne postanu mrvice.
c) Uzmite pojedinačne posude za posluživanje i smjesite smjesu zmajevog voća nakon koje slijedi smjesa od bademovog brašna.
d) Ponavljajte slojeve dok ne potrošite sve sastojke, završavajući smjesom od bademovog brašna na vrhu.
e) Ostavite u hladnjaku najmanje 1 sat kako bi se okusi stopili.
f) Poslužite ohlađeno i uživajte u jedinstvenom okusu zmajevog voća!

65. No-Bake Lychee Crisp

SASTOJCI:
- 2 šalice svježeg ličija, oguljenog i bez koštica
- 1 žlica soka od limuna
- ¼ šalice granuliranog šećera
- 1 šalica zdrobljenih keksića od đumbira
- ¼ šalice narezanih badema
- 2 žlice meda
- 2 žlice neslanog maslaca, otopljenog

UPUTE:
a) U zdjeli pomiješajte liči, limunov sok i granulirani šećer. Dobro izmiješajte da obložite liči.
b) U drugoj zdjeli pomiješajte zdrobljene đumbirove kekse, narezane bademe, med i otopljeni maslac dok ne postanu mrvice.
c) Uzmite pojedinačne posude za posluživanje i nanesite sloj ličija, a zatim smjesu za kekse.
d) Ponavljajte slojeve dok ne iskoristite sve sastojke, završavajući smjesom za kekse na vrhu.
e) Ostavite u hladnjaku najmanje 1 sat kako bi se okusi stopili.
f) Poslužite ohlađeno i uživajte u jedinstvenom okusu ličija!

66. No-Bake Papaya Cobbler

SASTOJCI:
- 2 zrele papaje, oguljene, bez sjemenki i narezane na kockice
- 1 žlica soka od limete
- ¼ šalice granuliranog šećera
- 1 žličica mljevenog đumbira
- 1 šalica mljevenih napolitanki vanilije
- ¼ šalice nasjeckanih pistacija
- 2 žlice meda
- 2 žlice neslanog maslaca, otopljenog

UPUTE:
a) U zdjeli pomiješajte papaju narezanu na kockice, sok limete, granulirani šećer i mljeveni đumbir. Dobro promiješajte.
b) U drugoj zdjeli pomiješajte zdrobljene napolitanke vanilije, nasjeckane pistacije, med i otopljeni maslac dok ne postanu mrvice.
c) Uzmite pojedinačne posude za posluživanje i smjesite smjesu papaje, a zatim smjesu oblatni.
d) Ponavljati slojeve dok se ne utroše svi sastojci, završiti sa smjesom za oblatne na vrhu.
e) Ostavite u hladnjaku najmanje 1 sat kako bi se okusi stopili.
f) Poslužite ohlađeno i uživajte u tropskom okusu papaje!

67.Kiwi Crumble bez pečenja

SASTOJCI:
- 4 kivija, oguljena i narezana
- 1 žlica soka od limuna
- ¼ šalice granuliranog šećera
- 1 šalica zdrobljenih graham krekera
- ¼ šalice nasjeckanih oraha makadamije
- 2 žlice meda
- 2 žlice neslanog maslaca, otopljenog

UPUTE:
a) U zdjeli pomiješajte kriške kivija s limunovim sokom i granuliranim šećerom dok se dobro ne prekriju.
b) U drugoj zdjeli pomiješajte zdrobljene graham krekere, nasjeckane makadamije orahe, med i otopljeni maslac dok ne postanu mrvičasti.
c) Uzmite pojedinačne posude za posluživanje i slojite smjesu kivija nakon čega slijedi smjesa krekera.
d) Ponavljajte slojeve dok ne potrošite sve sastojke, završavajući sa smjesom krekera na vrhu.
e) Ostavite u hladnjaku najmanje 1 sat kako bi se okusi stopili.
f) Poslužite ohlađeno i uživajte u pikantnoj slatkoći kivija!

68. No-Bake Passion Fruit Cobbler

SASTOJCI:
- 6 plodova marakuje, izdubljena pulpa
- 1 žlica soka od limete
- ¼ šalice granuliranog šećera
- 1 žličica ekstrakta vanilije
- 1 šalica zdrobljenih kolačića od prhkog tijesta
- ¼ šalice naribanog kokosa
- 2 žlice meda
- 2 žlice neslanog maslaca, otopljenog

UPUTE:
a) U zdjeli pomiješajte pulpu marakuje, sok limete, granulirani šećer i ekstrakt vanilije. Dobro promiješajte.
b) U drugoj zdjeli pomiješajte zdrobljene kolačiće od prhkog tijesta, nasjeckani kokos, med i otopljeni maslac dok ne postanu mrvičasti.
c) Uzmite pojedinačne posude za posluživanje i smjesu smjese marakuje nakon koje slijedi smjesa za kolačiće.
d) Ponavljajte slojeve dok ne iskoristite sve sastojke, završavajući smjesom za kekse na vrhu.
e) Ostavite u hladnjaku najmanje 1 sat kako bi se okusi stopili.
f) Poslužite ohlađeno i uživajte u jedinstvenom tropskom okusu marakuje!

KOLAČI

69.Rum torta bez pečenja

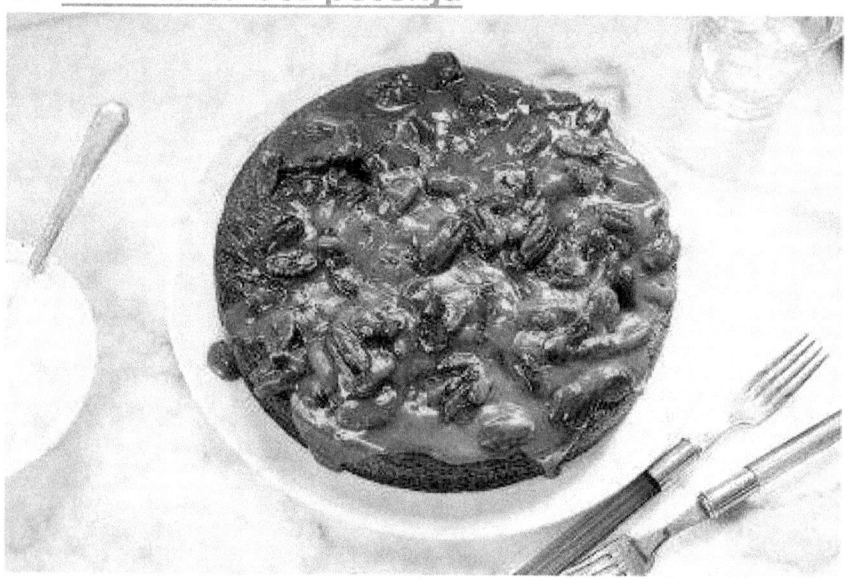

SASTOJCI:
- 2 šalice mljevenih napolitanki vanilije
- 1 šalica nasjeckanih oraha oraha
- 1 šalica šećera u prahu
- ½ šalice neslanog maslaca, otopljenog
- ¼ šalice tamnog ruma
- Šlag za ukras (po želji)

UPUTE:
a) U zdjeli za miješanje pomiješajte zdrobljene vafle vanilije, nasjeckane pekan orahe, šećer u prahu, otopljeni maslac i tamni rum.
b) Miješajte dok se sastojci potpuno ne sjedine.
c) Utisnite smjesu u podmazanu 9-inčnu tepsiju ili pravokutnu posudu.
d) Stavite u hladnjak na najmanje 2 sata da se kolač stegne.
e) Prije posluživanja po želji ukrasite šlagom.

70. Kolač od sedam slojeva bez pečenja

SASTOJCI:
- 1 paket graham krekera
- 1 šalica neslanog maslaca, otopljenog
- 1 šalica naribanog kokosa
- 1 šalica nasjeckanih orašastih plodova (npr. orasi, pekan orasi)
- 1 šalica komadića čokolade
- 1 šalica čipsa od maslaca
- 1 šalica zaslađenog kondenziranog mlijeka

UPUTE:
a) Dno pravokutne posude obložite graham krekerima.
b) U zdjeli pomiješajte otopljeni maslac, naribani kokos, nasjeckane orahe, komadiće čokolade, komadiće maslaca i zaslađeno kondenzirano mlijeko dok se dobro ne sjedine.
c) Premažite sloj smjese preko graham krekera.
d) Ponovite slojeve graham krekera i smjese dok ne iskoristite sve sastojke, a završite slojem smjese na vrhu.
e) Ostavite u hladnjaku najmanje 4 sata ili preko noći da se kolač stegne.
f) Narežite i uživajte u ukusnoj torti od sedam slojeva bez pečenja.

71. Čokoladna kremasta torta bez pečenja

SASTOJCI:
- 2 paketa čokoladnih sendvič keksa
- ½ šalice neslanog maslaca, otopljenog
- 2 šalice gustog vrhnja
- ¼ šalice šećera u prahu
- 1 žličica ekstrakta vanilije
- Čokoladne strugotine ili kakao prah za ukras (po želji)

UPUTE:
a) Zdrobite čokoladne sendvič kekse u sitne mrvice pomoću procesora za hranu ili ih stavite u zatvorenu plastičnu vrećicu i zgnječite valjkom za tijesto.
b) U zdjeli za miješanje pomiješajte mrvice kolačića i otopljeni maslac dok smjesa ne nalikuje mokrom pijesku.
c) Utisnite smjesu za kolačiće na dno podmazanog kalupa za pečenje kako biste oblikovali koricu. Stavite u hladnjak da se ohladi.
d) U zasebnoj zdjeli za miješanje umutite čvrsto vrhnje, šećer u prahu i ekstrakt vanilije dok se ne formiraju čvrsti vrhovi.
e) Preko ohlađene kore od keksa premažite sloj šlaga.
f) Ponovite s drugim slojem mrvica kolačića i šlaga dok ne potrošite sve sastojke, a završite slojem šlaga na vrhu.
g) Stavite kolač u hladnjak na najmanje 4 sata ili dok se ne stegne.
h) Prije posluživanja po želji ukrasite komadićima čokolade ili pospite kakaom u prahu.
i) Narežite i uživajte u ovoj dekadentnoj torti s čokoladnom kremom bez pečenja!

72. Voćni kolač bez pečenja

SASTOJCI:
- 2 šalice miješanog suhog voća (kao što su grožđice, brusnice, nasjeckane datulje i marelice)
- ½ šalice neslanog maslaca
- ½ šalice smeđeg šećera
- ½ šalice soka od jabuke ili naranče
- 2 šalice zdrobljenih graham krekera ili vafla od vanilije
- ½ šalice nasjeckanih orašastih plodova (kao što su orasi ili bademi)
- ½ šalice naribanog kokosa
- 1 žličica mljevenog cimeta
- ½ žličice mljevenog muškatnog oraščića
- ¼ žličice mljevenog klinčića
- ¼ žličice soli
- ½ šalice šećera u prahu (za posipanje)

UPUTE:

a) U loncu pomiješajte miješano sušeno voće, maslac, smeđi šećer i sok od jabuke ili naranče.
b) Pustite smjesu da zakipi na srednjoj vatri uz stalno miješanje.
c) Smanjite vatru i kuhajte 5 minuta uz povremeno miješanje.
d) Maknite lonac s vatre i ostavite smjesu da se ohladi nekoliko minuta.
e) U velikoj zdjeli za miješanje pomiješajte zdrobljene graham krekere ili vafle od vanilije, nasjeckane orahe, nasjeckani kokos, mljeveni cimet, mljeveni muškatni oraščić, mljevene klinčiće i sol.
f) Ohlađenu voćnu smjesu prelijte preko mješavine suhih sastojaka. Miješajte dok se dobro ne sjedini.
g) Obložite kalup za kruh ili tortu plastičnom folijom ili papirom za pečenje, ostavljajući nešto viška da visi sa stranica.
h) Premjestite smjesu za voćni kolač u pripremljeni kalup, čvrsto ga pritiskajući.
i) Presavijte višak plastične folije ili papira za pečenje preko vrha torte.
j) Ohladite voćni kolač najmanje 4 sata ili preko noći.
k) Prije posluživanja kolač izvadite iz kalupa i pospite šećerom u prahu.
l) Narežite i uživajte u ovom vlažnom i ukusnom voćnom kolaču koji se ne peče!

73. Matzoh slojeviti kolač bez pečenja

SASTOJCI:
- 4-6 komadića čokoladne matzoh
- 2 šalice šlaga ili tučenog preljeva
- 1 šalica konzerviranog voća (kao što su maline ili jagode)
- Svježe bobice za ukras (po želji)

UPUTE:
a) Stavite sloj komada matzoha u jednom sloju na pladanj ili tanjur za posluživanje.
b) Preko matzoha premažite sloj šlaga ili tučenog preljeva.
c) Preko sloja šlaga rasporedite sloj konzerviranog voća.
d) Ponavljajte slojeve dok vam ne ponestane sastojaka, završite slojem šlaga na vrhu.
e) Ohladite sloj matzoh torte najmanje 4 sata ili preko noći da matzoh omekša.
f) Prije posluživanja po želji ukrasite svježim bobičastim voćem.
g) Narežite i uživajte u ovoj ukusnoj i jedinstvenoj matzoh torti bez pečenja!

74. Kolač od trešanja bez pečenja

SASTOJCI:
- 2 šalice mrvica graham krekera
- ½ šalice neslanog maslaca, otopljenog
- 2 pakiranja (8 unci) krem sira, omekšali
- 1 šalica šećera u prahu
- 1 žličica ekstrakta vanilije
- 1 šalica tučenog vrhnja
- 1 (21 unca) limenka nadjeva za pitu od višanja

UPUTE:
a) U srednjoj zdjeli pomiješajte mrvice graham krekera i rastopljeni maslac. Miješajte dok se mrvice ravnomjerno ne prekriju maslacem.
b) Utisnite smjesu od mrvica na dno kalupa od 9 inča, stvarajući ravnomjeran sloj. Tepsiju staviti u frižider da se ohladi dok pripremate nadjev.
c) U velikoj zdjeli za miješanje tucite krem sir dok ne postane glatko i kremasto.
d) Dodajte šećer u prahu i ekstrakt vanilije u krem sir i nastavite mutiti dok se dobro ne sjedini.
e) Nježno umiješajte šlag.
f) Ohlađenu koru u kalupu prelijte smjesom od krem sira i ravnomjerno rasporedite.
g) Žlicom stavite nadjev za pitu od višanja na smjesu od krem sira, rasporedite ga tako da napravite sloj.
h) Pokrijte posudu plastičnom folijom i ostavite u hladnjaku najmanje 4 sata ili preko noći da se stegne.
i) Kada se stegne, uklonite stijenke kalupa i narežite tortu za posluživanje. Uživajte u slasnoj torti s kremom od višanja bez pečenja!

75. Kolač od manga i kokosa bez pečenja

SASTOJCI:
- 2 šalice mrvica graham krekera
- 1 šalica nezaslađenog naribanog kokosa
- 1 šalica pirea od manga
- 1 šalica šlaga
- ½ šalice kondenziranog mlijeka
- ¼ šalice otopljenog maslaca
- Kriške svježeg manga za ukras

UPUTE:
a) U zdjeli za miješanje pomiješajte mrvice graham krekera, nasjeckani kokos i otopljeni maslac. Miješajte dok se mrvice ne prekriju.
b) Utisnite polovicu smjese od mrvica na dno okruglog kalupa za tortu ili kalupa za torte kako biste napravili koricu.
c) U posebnoj zdjeli pomiješajte pire od manga i kondenzirano mlijeko dok se dobro ne sjedine.
d) Umiješajte šlag u smjesu manga dok ne postane glatka.
e) Prelijte smjesu manga preko kore u kalupu za tortu.
f) Po vrhu pospite preostalu smjesu mrvica kao ukras.
g) Ostavite u hladnjaku najmanje 4 sata ili dok se ne stegne.
h) Prije posluživanja ukrasite svježim kriškama manga.

76. Čokoladni kolač od kikiriki putera bez pečenja

SASTOJCI:
- 2 šalice čokoladnih napolitanki, zdrobljenih
- 1 šalica kremastog maslaca od kikirikija
- 1 šalica šećera u prahu
- 1 šalica šlaga
- ½ šalice otopljene čokolade za prelijevanje
- Mljeveni kikiriki za ukras

UPUTE:
a) U zdjeli za miješanje pomiješajte zdrobljene čokoladne oblatne, maslac od kikirikija, šećer u prahu i šlag. Miješajte dok se dobro ne sjedini.
b) Utisnite polovicu smjese na dno okruglog kalupa za tortu ili kalupa za torte kako biste napravili koricu.
c) Preko kore premazati sloj otopljene cokolade.
d) Prelijte preostalu smjesu maslaca od kikirikija preko sloja čokolade.
e) Kao ukras po vrhu prelijte otopljenu čokoladu.
f) Po torti posuti mljeveni kikiriki.
g) Ostavite u hladnjaku najmanje 4 sata ili dok se ne stegne.

77. Kolač od limunade od jagoda bez pečenja

SASTOJCI:
- 2 šalice mrvica graham krekera
- 1 šalica otopljenog maslaca
- 1 šalica pirea od jagoda
- 1 šalica šlaga
- ½ šalice šećera u prahu
- Korica od 2 limuna
- Svježe jagode za ukras

UPUTE:
a) U zdjeli za miješanje pomiješajte mrvice graham krekera i otopljeni maslac. Miješajte dok se mrvice ne prekriju.
b) Utisnite polovicu smjese od mrvica na dno okruglog kalupa za tortu ili kalupa za torte kako biste napravili koricu.
c) U posebnoj zdjeli pomiješajte pire od jagoda, šlag, šećer u prahu i limunovu koricu dok se dobro ne sjedine.
d) Smjesu od jagoda preliti preko kore u kalupu za tortu.
e) Ravnomjerno rasporedite smjesu i zagladite vrh.
f) Ostavite u hladnjaku najmanje 4 sata ili dok se ne stegne.
g) Prije posluživanja ukrasite svježim jagodama.

BROWNIES, BAROVI I KVADRATIĆI

78. Super Fudgy trostruki čokoladni kolačići

SASTOJCI:
- 2 šalice čokoladnih vafel mrvica
- 1 šalica neslanog maslaca, otopljenog
- 1 šalica komadića čokolade
- 1/2 šalice komadića bijele čokolade
- 1/2 šalice komadića tamne čokolade
- 1 šalica zaslađenog kondenziranog mlijeka

UPUTE:
a) U zdjeli pomiješajte mrvice od čokoladnih oblatni s otopljenim maslacem.
b) Smjesu utisnite u obloženu tepsiju da napravite podlogu.
c) U drugoj zdjeli pomiješajte komadiće čokolade, komadiće bijele čokolade, komadiće tamne čokolade i zaslađeno kondenzirano mlijeko.
d) Čokoladnu smjesu ravnomjerno rasporedite po kori.
e) Ostavite u hladnjaku dok se ne stegne, a zatim izrežite na kvadrate i poslužite.

79. Jammie Dodger Blondies

SASTOJCI:
- 2 šalice mrvica graham krekera
- 1 šalica neslanog maslaca, otopljenog
- 1 šalica svijetlo smeđeg šećera
- 2 šalice šećera u prahu
- 1 šalica kremastog maslaca od kikirikija
- 1 žličica ekstrakta vanilije
- 1 šalica džema od malina
- Jammie Dodger keksi za preljev

UPUTE:
a) Pomiješajte mrvice graham krekera s otopljenim maslacem i utisnite ih u obloženu posudu da napravite podlogu.
b) U zdjeli pomiješajte smeđi šećer, šećer u prahu, maslac od kikirikija i ekstrakt vanilije dok smjesa ne postane glatka.
c) Rasporedite smjesu s maslacem od kikirikija preko kore.
d) Lagano zagrijte džem od malina i prelijte ga preko sloja maslaca od kikirikija.
e) Na vrh stavite Jammie Dodger kekse.
f) Ostavite u hladnjaku dok se ne stegne, a zatim narežite na štanglice i poslužite.

80.kvadratići koji se ne peku

SASTOJCI:
- 1 šalica poluslatkih komadića čokolade
- ½ šalice kremastog maslaca od kikirikija
- 3 šalice mini marshmallowa
- 3 šalice hrskavih rižinih pahuljica
- ½ šalice nasjeckanog kikirikija (po želji)

UPUTE:
a) U zdjeli prikladnoj za mikrovalnu otopite komadiće čokolade i maslac od kikirikija zajedno, miješajući dok smjesa ne postane glatka.
b) U velikoj zdjeli za miješanje pomiješajte mini sljez, hrskave rižine pahuljice i nasjeckani kikiriki (ako ih koristite).
c) Prelijte otopljenu čokoladnu smjesu preko žitarica i miješajte dok se dobro ne prekrije.
d) Utisnite smjesu u podmazanu posudu za pečenje 9x9 inča.
e) Ostavite u hladnjaku najmanje 2 sata kako bi se leptir stvrdnuo.
f) Izrežite na kvadrate i poslužite.

81. Konfeti bez pečenja u obliku žitarica

SASTOJCI:
- 4 šalice žitarica s konfetima (npr. voćni šljunak ili slično)
- ¼ šalice neslanog maslaca
- 1 paket (10 oz) mini marshmallow kolačića
- Posipi za ukrašavanje (po želji)

UPUTE:
a) Namastite posudu za pečenje 9x9 inča i stavite je sa strane.
b) U velikom loncu otopite maslac na laganoj vatri.
c) Dodajte mini marshmallows u otopljeni maslac i miješajte dok se potpuno ne otopi i postane glatka.
d) Uklonite lonac s vatre i dodajte žitarice za konfete. Miješajte dok se dobro ne prekrije.
e) Prebacite smjesu u pripremljenu posudu za pečenje i ravnomjerno je pritisnite.
f) Po želji pospite dodatnim posipom po vrhu.
g) Pustite da se žitarice ohlade i stisnu na sobnoj temperaturi.
h) Izrežite na kvadrate i uživajte u ovim šarenim i zabavnim konfetima od žitarica koje se ne peku!

82.Pločice s malinom i limunom bez pečenja

SASTOJCI:
- 2 šalice mrvica graham krekera
- ½ šalice otopljenog maslaca
- 16 oz krem sira, omekšali
- 1 šalica šećera u prahu
- Korica od 2 limuna
- 1 šalica konzerviranih malina
- Svježe maline za ukras

UPUTE:
a) U zdjeli za miješanje pomiješajte mrvice graham krekera i otopljeni maslac. Miješajte dok se mrvice ne prekriju.
b) Utisnite smjesu od mrvica na dno pravokutne posude za pečenje kako biste stvorili koricu.
c) U posebnoj zdjeli izmiksajte krem sir, šećer u prahu i koricu limuna dok ne postane glatko i kremasto.
d) Smjesu krem sira premažite preko kore u tepsiji.
e) Preko sloja krem sira stavljajte žlice konzervi od malina i lagano vrtite nožem.
f) Ostavite u hladnjaku najmanje 4 sata ili dok se ne stegne.
g) Prije posluživanja ukrasite svježim malinama.

83. Trail barovi bez pečenja

SASTOJCI:
- 2 šalice brze zobi
- 1 šalica hrskavih rižinih pahuljica
- ½ šalice maslaca od kikirikija
- ½ šalice meda
- ½ šalice nasjeckanih orašastih plodova (kao što su bademi ili indijski oraščići)
- ½ šalice suhog voća (kao što su brusnice ili grožđice)
- ¼ šalice malih komadića čokolade (po želji)

UPUTE:
a) U zdjeli za miješanje pomiješajte brzu zob, hrskavu rižinu pahuljicu, maslac od kikirikija, med, nasjeckane orašaste plodove, sušeno voće i male komadiće čokolade (ako koristite). Miješajte dok se dobro ne sjedini.
b) Utisnite smjesu u podmazanu posudu za pečenje 9x9 inča, koristeći stražnju stranu žlice da je poravnate.
c) Stavite trail barove u hladnjak na najmanje 2 sata ili dok se ne stvrdnu.
d) Narežite na pločice i uživajte u ovim hranjivim trail pločicama bez pečenja!

84. Granola pločice bez pečenja

SASTOJCI:
- 2 šalice valjane zobi
- 1 šalica hrskavih rižinih pahuljica
- ½ šalice meda
- ½ šalice maslaca od kikirikija (ili maslaca od badema za opciju bez orašastih plodova)
- 1 žličica ekstrakta vanilije
- ½ šalice malih komadića čokolade
- ¼ šalice suhog voća (kao što su grožđice, brusnice ili nasjeckane marelice)

UPUTE:
a) U velikoj zdjeli za miješanje pomiješajte valjanu zob i hrskavu rižu.
b) U zdjeli prikladnoj za mikrovalnu pećnicu zagrijte med i maslac od kikirikija (ili maslac od badema) dok se ne otope i postanu glatki. Možete ih zagrijati i na ploči štednjaka na laganoj vatri.
c) Maknite zdjelu s vatre i umiješajte ekstrakt vanilije.
d) Prelijte mješavinu meda i maslaca od kikirikija preko suhih sastojaka. Miješajte dok se dobro ne sjedini.
e) U smjesu dodajte male komadiće čokolade i suho voće. Miješajte dok se ravnomjerno ne rasporedi.
f) Prebacite smjesu u namašćenu ili obloženu posudu za pečenje 9x9 inča. Čvrsto ga pritisnite kako biste stvorili ravnomjeran sloj.
g) Stavite granola u hladnjak na najmanje 2 sata ili dok se ne stegne.
h) Kad se stegne, narežite na ploške i pohranite u hermetički zatvorenu posudu.
i) Uživajte u ovim korisnim granola pločicama bez pečenja kao hranjivom međuobroku!

85. Kockice od čokolade i kokosa koje se ne peku

SASTOJCI:
- 1 ½ šalice mrvica čokoladnog keksa
- ¼ šalice neslanog maslaca, otopljenog
- 1 ½ šalice naribanog kokosa
- ½ šalice nasjeckanih orašastih plodova (kao što su bademi ili orasi)
- 1 limenka (14 oz) zaslađenog kondenziranog mlijeka
- 1 šalica poluslatkih komadića čokolade
- ¼ šalice neslanog maslaca
- 1 žličica ekstrakta vanilije

UPUTE:
a) U posudi za miješanje pomiješajte mrvice čokoladnog keksa i otopljeni maslac. Miješajte dok se mrvice ravnomjerno ne prekriju.
b) Utisnite smjesu na dno namašćene ili obložene posude za pečenje veličine 9x9 inča kako biste oblikovali koricu. Stavite u hladnjak da se ohladi dok pripremate nadjev.
c) U zasebnoj zdjeli za miješanje pomiješajte nasjeckani kokos i nasjeckane orahe.
d) Prelijte zaslađeno kondenzirano mlijeko preko smjese kokosa i oraha i miješajte dok se dobro ne sjedini.
e) Rasporedite smjesu kokosa i oraha preko pripremljene kore, ravnomjerno je pritiskajući.
f) U malom loncu otopite komadiće čokolade i neslani maslac na laganoj vatri, miješajući dok smjesa ne postane glatka.
g) Maknite lonac s vatre i umiješajte ekstrakt vanilije.
h) Prelijte čokoladnu smjesu preko sloja kokosa i oraha, ravnomjerno ga rasporedite.
i) Ostavite kvadrate u hladnjaku najmanje 2 sata ili dok se ne stvrdnu.
j) Izrežite na kvadrate i uživajte u ovim bogatim i slatkim kvadratima bez pečenja s glazurom od čokolade i kokosa!

86. Đumbir-narančasti kvadratići koji se ne peku

SASTOJCI:
- 2 šalice mrvica od đumbirovog keksa
- ½ šalice neslanog maslaca, otopljenog
- 1 paket (8 oz) krem sira, omekšali
- ½ šalice šećera u prahu
- 1 žlica narančine korice
- 1 šalica gustog vrhnja
- Kandirani đumbir za ukras (po želji)

UPUTE:
a) U zdjeli za miješanje pomiješajte mrvice đumbirskog keksa i otopljeni maslac. Miješajte dok se mrvice ravnomjerno ne prekriju.
b) Utisnite smjesu na dno namaščene ili obložene posude za pečenje veličine 9x9 inča kako biste oblikovali koricu. Stavite u hladnjak da se ohladi dok pripremate nadjev.
c) U zasebnoj zdjeli za miješanje tucite krem sir, šećer u prahu i narančinu koricu dok ne postane glatko i kremasto.
d) U drugoj zdjeli umutite gustu pavlaku dok se ne formiraju čvrsti vrhovi.
e) Nježno umiješajte šlag u smjesu od krem sira dok se potpuno ne sjedini.
f) Na pripremljenu koru sipati fil ravnomjerno ga rasporediti.
g) Stavite kvadrate u hladnjak na najmanje 4 sata ili dok se ne stvrdnu.
h) Prije posluživanja po želji ukrasite kandiranim đumbirom.
i) Izrežite na kvadrate i uživajte u ovim divnim kvadratima đumbira i naranče koji se ne peku!

87. Brownies s orasima bez pečenja

SASTOJCI:
- 1 ½ šalice datulja bez koštica
- 1 šalica oraha
- ¼ šalice kakaa u prahu
- 1 žličica ekstrakta vanilije
- Prstohvat soli

UPUTE:
a) Stavite datulje, orahe, kakao prah, ekstrakt vanilije i sol u multipraktik.
b) Procesirajte dok se smjesa ne sjedini i ne dobije ljepljivo tijesto.
c) Utisnite tijesto u kvadratni ili pravokutni pleh obložen papirom za pečenje.
d) Ostavite u hladnjaku najmanje 1 sat da se stegne.
e) Izrežite brownie na kvadrate i poslužite.

88. Žitne pločice s čipsom bez pečenja

SASTOJCI:
- 3 šalice žitarica po vašem izboru (npr. Rice Krispies, Corn Flakes ili bilo koje druge hrskave žitarice)
- 1 šalica čipsa
- ½ šalice glatkog maslaca od kikirikija
- ¼ šalice meda ili javorovog sirupa
- 1 žličica ekstrakta vanilije

PRELJEVI PO IZBORU
- Rendani kokos
- Sjeckani orasi
- Čokoladni čips

UPUTE:
a) U velikoj zdjeli za miješanje pomiješajte žitarice i ostavite ih sa strane.
b) U zdjeli prikladnoj za mikrovalnu pećnicu otopite chipits komadiće čokolade, maslac od kikirikija i med (ili javorov sirup) zajedno u intervalima od 30 sekundi, miješajući između, dok se potpuno ne otopi i postane glatka.
c) U rastopljenu smjesu umiješajte ekstrakt vanilije.
d) Prelijte otopljenu smjesu preko žitarica i miješajte dok žitarice ne budu ravnomjerno obložene.
e) Smjesu čvrsto utisnite u posudu za pečenje veličine 9x9 inča obloženu pergamentom.
f) Po želji po vrhu pospite naribani kokos, nasjeckane orahe ili komadiće čokolade i nježno ih utisnite u smjesu.
g) Stavite žitne pločice u hladnjak na najmanje 1 sat ili dok se ne stvrdnu.
h) Kad se ohlade i stvrdnu, izvadite pločice iz posude za pečenje i narežite ih na kvadrate ili ploške.
i) Čuvajte Chipits žitne pločice bez pečenja u hermetički zatvorenoj posudi u hladnjaku do 1 tjedna.

89. Brownies s kikirikijem bez pečenja

SASTOJCI:
- 2 šalice kikirikija, neslanog
- 1 šalica datulja bez koštica
- ¼ šalice nezaslađenog kakaa u prahu
- ¼ šalice meda ili javorovog sirupa
- 1 žličica ekstrakta vanilije
- Prstohvat soli

UPUTE:
a) Stavite kikiriki u multipraktik i obradite dok se fino ne samelje.
b) Dodajte datulje bez koštica, kakao prah, med ili javorov sirup, ekstrakt vanilije i sol u multipraktik.
c) Pomiješajte sve sastojke dok ne nastane ljepljiva i mrvičasta smjesa.
d) Četvrtastu posudu za pečenje obložite papirom za pečenje.
e) Prebacite smjesu u obloženu posudu i čvrsto je pritisnite da dobijete ravnomjeran sloj.
f) Ohladite brownies barem 1-2 sata da se stisnu.
g) Kad se stegne, izvadite brownies iz posude, narežite na kvadrate i poslužite. Ovi kolačići s kikirikijem bez pečenja ukusna su i zdravija alternativa tradicionalnim kolačićima.

ENERGETSKE KUGLICE I ZAGRIZACI

90. Kuglice za tortu od čokolade

SASTOJCI:
- 2 šalice čokoladnih mrvica za tortu
- 1/2 šalice čokoladne glazure
- Čokoladni preliv (otopljena čokolada)

UPUTE:
a) Pomiješajte mrvice od čokoladne fudge torte s čokoladnom glazurom.
b) Smjesu razvaljajte u kuglice i stavite ih na obložen pleh.
c) Svaku kuglicu umočite u otopljenu čokoladu da je premažete.
d) Ostavite ih da se stegnu u hladnjaku prije posluživanja.

91. Snježne kuglice od badema koje se ne peku

SASTOJCI:
- 1 šalica bademovog brašna
- ¼ šalice javorovog sirupa
- ¼ šalice maslaca od badema
- ½ žličice ekstrakta badema
- ½ šalice naribanog kokosa

UPUTE:
a) U zdjeli za miješanje pomiješajte bademovo brašno, javorov sirup, bademov maslac i ekstrakt badema. Miješajte dok se dobro ne sjedini.
b) Od smjese uzimajte male dijelove i razvaljajte loptice veličine zalogaja.
c) Svaku lopticu uvaljajte u naribani kokos dok ne bude ravnomjerno obložena.
d) Snježne kuglice stavite na pleh obložen papirom za pečenje.
e) Ostavite u hladnjaku najmanje 1 sat da se stegne.
f) Poslužite ohlađeno i uživajte u ovim divnim snježnim kuglicama od badema.

92. Kakao-Bourbon kuglice bez pečenja

SASTOJCI:
- 2 šalice sitno izgnječenih čokoladnih napolitanki
- 1 šalica šećera u prahu
- 1 šalica nasjeckanih oraha oraha
- 3 žlice nezaslađenog kakaa u prahu
- ¼ šalice burbona ili viskija
- 2 žlice svijetlog kukuruznog sirupa

UPUTE:
a) U velikoj zdjeli za miješanje pomiješajte zdrobljene čokoladne oblatne, šećer u prahu, nasjeckane pekan orahe i kakao prah.
b) U smjesu dodajte burbon i svijetli kukuruzni sirup i miješajte dok se dobro ne sjedini.
c) Rukama oblikujte smjesu u male kuglice.
d) Stavite kakao-bourbon kuglice na lim za pečenje obložen voštanim papirom.
e) Ostavite u hladnjaku najmanje 1 sat ili dok se ne stegne.
f) Poslužite ohlađeno i uživajte u ovim divnim kakao burbon kuglicama bez pečenja!

93. Kuglice od đumbira koje se ne peku

SASTOJCI:
- 2 šalice mrvica od đumbirovog keksa
- ½ šalice šećera u prahu
- ½ šalice nasjeckanih orašastih plodova (poput oraha ili pekan oraha)
- ¼ šalice svijetlog kukuruznog sirupa
- 2 žlice vode

UPUTE:
a) U zdjeli za miješanje pomiješajte mrvice đumbirskog keksa, šećer u prahu i nasjeckane orahe.
b) U maloj zdjeli pomiješajte svijetli kukuruzni sirup i vodu dok se dobro ne sjedine.
c) Prelijte mješavinu kukuruznog sirupa preko smjese mrvica kolačića i miješajte dok se ravnomjerno ne navlaži.
d) Rukama oblikujte smjesu u male kuglice.
e) Kuglice od đumbira stavite na lim za pečenje obložen voštanim papirom.
f) Pustite kuglice da se stegne u hladnjaku najmanje 1 sat.
g) Poslužite ohlađeno i uživajte u ovim ukusnim kuglicama od đumbira koje se ne peku!

94. Kuglice Mocha likera bez pečenja

SASTOJCI:
- 2 šalice čokoladnih mrvica od vafla
- 1 šalica sitno nasjeckanih orašastih plodova (kao što su bademi ili pekan orasi)
- ½ šalice šećera u prahu
- 2 žlice kakaa u prahu
- ¼ šalice likera od kave
- 2 žlice granula instant kave
- 2 žlice kukuruznog sirupa
- Šećer u prahu za motanje

UPUTE:
a) U zdjeli za miješanje pomiješajte mrvice čokoladnih oblatni, nasjeckane orahe, šećer u prahu i kakao prah.
b) U posebnoj posudi otopite granule instant kave u likeru od kave.
c) Umiješajte smjesu likera od kave i kukuruznog sirupa u suhe sastojke dok se dobro ne sjedine.
d) Rukama oblikujte smjesu u male kuglice.
e) Kuglice uvaljati u šećer u prahu za premazivanje.
f) Stavite kuglice od mocha likera na lim za pečenje obložen voštanim papirom.
g) Pustite kuglice da se stegne u hladnjaku najmanje 1 sat.
h) Poslužite ohlađeno i uživajte u ovim dekadentnim kuglicama od mocha likera koje se ne peku!

95. Rum kuglice od trešnje koje se ne peku

SASTOJCI:
- 2 šalice mljevenih vanilin kolačića
- 1 šalica šećera u prahu
- 1 šalica nasjeckanih oraha
- 1 šalica suhih trešanja, nasjeckanih
- 2 žlice kakaa u prahu
- ¼ šalice ruma
- 2 žlice svijetlog kukuruznog sirupa
- Dodatni šećer u prahu za motanje

UPUTE:
a) U velikoj zdjeli za miješanje pomiješajte mljevene kekse od vanilije, šećer u prahu, nasjeckane orahe, sušene višnje i kakao prah.
b) U smjesu dodajte rum i svijetli kukuruzni sirup i dobro promiješajte dok se sve dobro ne sjedini.
c) Uzmite male dijelove smjese i rukama ih razvaljajte u kuglice od 1 inča.
d) Kuglice uvaljajte u šećer u prahu da budu ravnomjerno obložene.
e) Kuglice ruma stavite na pleh obložen papirom za pečenje.
f) Ostavite rum kuglice u hladnjaku najmanje 2 sata ili dok se ne stvrdnu.
g) Nakon što se ohlade i stvrdnu, prebacite kuglice ruma u hermetički zatvorenu posudu za skladištenje. U hladnjaku se mogu čuvati do 2 tjedna.

96.Narančaste kuglice koje se ne peku

SASTOJCI:
- 2 šalice mrvica vafla od vanilije
- 1 šalica šećera u prahu
- 1 šalica sitno nasjeckanih orašastih plodova (kao što su pekan orasi ili bademi)
- ½ šalice soka od naranče
- ¼ šalice narančine korice
- Naribani kokos za rolanje

UPUTE:
a) U posudi za miješanje pomiješajte mrvice vanilin vafla, šećer u prahu i nasjeckane orahe.
b) U smjesu dodajte sok od naranče i koricu od naranče. Miješajte dok se dobro ne sjedini i dok se smjesa ne drži zajedno.
c) Smjesu oblikujte u male kuglice, promjera oko 1 inča.
d) Kuglice uvaljati u kokos za premazivanje.
e) Stavite obložene narančaste kuglice na lim za pečenje obložen voštanim papirom.
f) Stavite kuglice u hladnjak na najmanje 1 sat ili dok se ne stvrdnu.
g) Čuvajte u hermetički zatvorenoj posudi u hladnjaku.

97. Energetske kuglice s maslacem od kikirikija i čokoladom

SASTOJCI:
- 1 šalica starinske zobi
- 1/2 šalice maslaca od kikirikija
- 1/3 šalice meda ili javorovog sirupa
- 1/2 šalice mljevenog lanenog sjemena
- 1/2 šalice malih komadića čokolade
- 1 žličica ekstrakta vanilije
- Prstohvat soli (po želji)

UPUTE:
a) U velikoj zdjeli pomiješajte zob, maslac od kikirikija, med (ili javorov sirup), mljevene sjemenke lana, komadiće čokolade, ekstrakt vanilije i prstohvat soli po želji.
b) Miješajte dok se dobro ne sjedini.
c) Ohladite smjesu u hladnjaku oko 30 minuta kako biste je lakše rukovali.
d) Nakon što se ohladi, razvaljajte smjesu u kuglice veličine zalogaja.
e) Stavite energetske kuglice na pladanj obložen pergamentom.
f) Stavite u hladnjak na najmanje 1 sat prije posluživanja.

98. Energetske kuglice s kokosom i bademom

SASTOJCI:
- 1 šalica datulja bez koštica
- 1/2 šalice badema
- 1/4 šalice naribanog kokosa, nezaslađenog
- 1 žlica chia sjemenki
- 1 žličica ekstrakta vanilije
- Prstohvat soli (po želji)

UPUTE:
a) U sjeckalici pomiješajte datulje, bademe, nasjeckani kokos, chia sjemenke, ekstrakt vanilije i prstohvat soli po želji.
b) Obradite smjesu dok ne dobijete ljepljivo tijesto.
c) Grabite male dijelove tijesta i razvaljajte ih u kuglice.
d) Stavite energetske kuglice na pladanj obložen pergamentom.
e) Stavite u hladnjak na najmanje 1 sat prije posluživanja.

99. Energetske kuglice od kolačića od zobene kaše i grožđica

SASTOJCI:
- 1 šalica starinske zobi
- 1/2 šalice grožđica
- 1/4 šalice maslaca od badema
- 1/4 šalice meda ili javorovog sirupa
- 1 žličica cimeta
- 1/2 žličice ekstrakta vanilije
- Prstohvat soli (po želji)

UPUTE:
a) U sjeckalici pomiješajte zob, grožđice, bademov maslac, med (ili javorov sirup), cimet, ekstrakt vanilije i prstohvat soli po želji.
b) Smjesu obradite dok se dobro ne poveže i postane ljepljiva.
c) Ohladite smjesu u hladnjaku oko 30 minuta.
d) Nakon što se ohladi, razvaljajte smjesu u kuglice veličine zalogaja.
e) Stavite energetske kuglice na pladanj obložen pergamentom.
f) Stavite u hladnjak na najmanje 1 sat prije posluživanja.

100.Proteinske kuglice od čokolade i kokosa

SASTOJCI:
- 1 šalica valjane zobi
- 1/2 šalice čokoladnog proteinskog praha
- 1/3 šalice maslaca od badema
- 1/4 šalice meda ili agavinog sirupa
- 1/4 šalice naribanog kokosa, nezaslađenog
- 1 žličica ekstrakta vanilije
- Prstohvat soli (po želji)

UPUTE:
a) U zdjeli pomiješajte zobene pahuljice, čokoladni proteinski prah, maslac od badema, med (ili agavin sirup), nasjeckani kokos, ekstrakt vanilije i prstohvat soli po želji.
b) Miješajte dok se smjesa dobro ne sjedini.
c) Ohladite smjesu u hladnjaku oko 30 minuta.
d) Nakon što se ohladi, razvaljajte smjesu u kuglice veličine zalogaja.
e) Svaku lopticu po želji dodatno uvaljajte u nasjeckani kokos.
f) Stavite energetske kuglice na pladanj obložen pergamentom.
g) Stavite u hladnjak na najmanje 1 sat prije posluživanja.

ZAKLJUČAK

Dok dolazimo do posljednjeg poglavlja PROTEINSKI VAFLI ovog Pečenja bez pečenja, nadam se da je ova kulinarska eskapada donijela slatkoću i užitak u vašu kuhinju. Uz 100 slatkih poslastica na dohvat ruke, mogućnosti za stvaranje nezaboravnih slastica bez pećnice su beskrajne. Bez obzira jeste li prihvatili umjetnost pečenja bez pečenja kao svakodnevni ritual ili ste ga rezervirali za posebne prilike, putovanje je bilo jednostavno ukusno.

Hvala vam što ste nam se pridružili u ovoj ukusnoj avanturi. Neka vaša buduća nastojanja bez pečenja budu ispunjena kreativnošću, radošću i zadovoljstvom izrade slastica koje ostavljaju trajan dojam. Do naše sljedeće avanture s pečenjem, uživajte u slatkoći PROTEINSKI VAFLI ovih kreacija i nastavite uživati u prekrasnom svijetu poslastica bez pečenja. Sretno pečenje!

www.ingramcontent.com/pod-product-compliance
Lightning Source LLC
Chambersburg PA
CBHW071904110526
44591CB00011B/1544